CD-ROM付き

0-5歳児 食育まるわかりサポート&素材データブック

監修／太田百合子　岡本依子

Gakken

はじめに

園での食育の大切さ

太田 百合子

　「食育基本法」の施行から10年以上が経過し、「食育」はよく知られるようになり、園では日々、乳幼児期の「食べる意欲の基礎作り」をめざして食育活動を行っています。食育を通して子どもたちは興味、意欲、思いやり、感謝、コミュニケーション、知識などが身につくことにより生きる力になっています。

　家庭・地域支援も大きな食育のテーマです。家族全体で食べることを楽しめると子育て自体も前向きになれます。子どもの食事には、保護者も発達を理解しながら関わることが大切ですから、園と家庭でお互いの情報交換をしながら、園からもアドバイスをしたり励ましたりして歩調を合わせながら進めていきましょう。

　食育で大切なことは、根気よく愛情を持って接することに意味があること、子どもたちが主体となり「食べることは楽しい」と思えるたくさんの働きかけです。働きかけのひとつには、子どもは大人の姿を見て育ちますから、まずは大人が食育を正しく理解して手本となるよう努力しながら身につけることです。そして、園の役割として地域の親子を含めての健康を守り、よりよい食生活を送れるように新たな食育活動を展開していきましょう。

未来を創る力としての食育

岡本 依子

　食べることは、生き方と直結します。体内にとりこむ食物が健康を維持し、身体をつくるだけではなく、食べることを通して、人と関わったり、文化を知ったり、料理を作ってくれた人への感謝の気持ちを伝えることもできます。また、乳幼児期にはまだ少し難しいかもしれませんが、なんらかの命をいただいているということ。つまり命のリレーについて考えるきっかけになるかもしれません。食は、毎日の繰り返しのなかでルーチン化し、軽視されてしまうこともありますが、食は、身体的、文化的、社会的な未来を創る重要な営みです。

　保育実践のなかで、保育者は子どもの興味に寄り添い、それを認めて促します。食べることに意欲的で、食に興味のある子どもはいいのですが、もともと食の細い子どもの興味を、食へ向けることはときに難しいこともあります。しかし、保育のいろいろな場面と結びついているので、食事の時間だけでなく、いつでもどこでも考えたり取り組んだりできます。子どもの食への興味を促すきっかけをコーディネートすることも、子ども自身が未来を創る力を身につけるための重要な保育実践です。一緒に考えてみませんか。

本書の特長

特長1
年齢別の発達の特徴と食育がわかる

本書では、発達に合わせた食事の内容や食育方法を紹介しています。食育計画を立てる前に**年齢ごとの心身の発達の特徴**を把握しておきましょう。

特長2
月・週・日の食育計画がわかる

食育計画は年→月→週→日の順に大きな目標や内容から細かな内容まで作成します。本書では**テーマに沿った週案や日案**など、**実践的な計画案**を提案しています。

特長3
定番テーマの実践案を紹介

年齢・発達に合わせた**クッキング、栽培、製作遊び**などの定番テーマ実践案を紹介。計画のポイント、タイムスケジュール、留意点、準備品などを掲載しています。

特長4
家庭・地域と連携するコツがわかる

食育は園と家庭で協力しながら行うことが大切です。本書では家庭への情報発信方法や保護者が参加できる食育行事計画の立て方などを紹介していますので、家庭との連携を深めるヒントにしましょう。また、地元での栽培の様子や郷土料理などを知り、地域の人とつながるコツも掲載しています。

特長5
行事を活かした食育がわかる

日本の**伝統的な行事**は、行事食も豊富で、食育計画に取り入れるにはよい題材になります。伝統行事やお誕生日会や遠足などの**イベント行事**と連結させた食育のコツを紹介しています。

特長6
すぐに使える食育だより+解説付き

食育だよりが12か月分、食と健康だより、食と衛生だより、クッキング報告、献立表、食育アンケートなど、**そのまま使えるテンプレート**がCD-ROMに収録されています。作成する際のアドバイスも参考にしましょう。また、おたよりに使える文例や献立も多数掲載しています。

特長7
イラストやポスターが満載

おたよりに使える**かわいいイラスト**や囲みイラスト、タイトルイラストなどがたっぷり収録されています。また、**健康・衛生・マナーなどを啓発するポスター**も多数収録しています。よく見える場所に掲示するほか、食育指導の際にも活用できます。

特長8
食育指導の際に使える教材が充実

「さつまいもができるまで」カード、食材カードゲーム、旬の食材の分類、三色食品群の分類、「食事マナー間違い探し」、はしの持ち方、人体断面図、食べ物のお話紹介、食べ物なぞなぞなど、**実際の保育の現場で使える教材**が充実しています。

0-5歳児食育まるわかりサポート
＆素材データブック

もくじ

はじめに …… 2
本書の特長 …… 3

序章

食育で「食を営む力」を身につける …… 6
栄養バランスのよい食事ができる子に …… 9

1章 知識 子どもの発達に合わせた食育を知ろう！

子どもの発達に合わせた食育
- 子どもの心身の発達と食育 …… 12
- 6か月未満児 心身の発達と食育 …… 14
- 6か月〜1歳6か月未満児 心身の発達と食育 … 16
- 1歳6か月〜2歳未満児 心身の発達と食育 … 18
- 2歳児 心身の発達と食育 …… 19
- 3歳児 心身の発達と食育 …… 20
- 4歳児 心身の発達と食育 …… 21
- 5歳児 心身の発達と食育 …… 22

《配慮が必要な子どもへの対応》
具合が悪い子どもへの食事の対応 …… 23
食物アレルギーへの対応 …… 24
障害がある子どもへの対応 …… 26

2章 計画 食育年間計画を立ててみよう！

年間を通じた食育計画
- 食育計画の立て方の基本を知ろう …… 28
- 0歳児の年間食育計画 …… 30
- 1歳児の年間食育計画 …… 32
- 2歳児の年間食育計画 …… 34
- 3歳児の年間食育計画 …… 36
- 4歳児の年間食育計画 …… 38
- 5歳児の年間食育計画 …… 40

行事と連携する年間の食育計画 …… 42
食育年間計画における保護者への
働きかけ方 …… 45
地域と共に行うための食育の
年間計画の立て方 …… 47

3章 実践 食育を実践してみよう！

月・週・日単位での食育
- 0〜2歳児 月間の食育実践案 …… 50
- 3〜5歳児 食育実践のポイント …… 56
- 3〜5歳児 4月〜3月の食育実践案 …… 58

定番テーマでの食育
- 3〜5歳児 「レストラン給食」での食育実践案 …… 82
- 3〜5歳児「栽培活動」での食育実践案 …… 84
- 2〜5歳児 「クッキング保育」での食育実践案 …… 88 （クッキングの準備／道具を使うときの注意点／衛生面とけがや体調への配慮）
- 3〜5歳児「製作遊び」での食育実践案 …… 96
- 3〜5歳児「給食当番」での食育実践案 …… 100

4章 データ集
すぐに使える！ おたより・献立表・ポスター・イラスト・教材 etc.

食育だより素材
- 食育だよりの作り方 …… 102
- 4月〜3月の食育だより …… 104
- 給食の献立表 …… 128
- イラスト素材 …… 130
  （春・夏／秋・冬／野菜／くだもの／肉・魚・豆類／料理・加工品／食器・その他／食事風景①、②／栽培・飼育／飾り文字／飾りワク／飾りケイ）
- 囲み素材（0〜2歳）…… 143
  （母乳・ミルク／離乳食／食べ方）
- イラスト素材（0〜2歳）…… 148
  （ミルク・食器／食事風景）

食と健康だより素材 …… 150
- 食と健康だより／囲み素材（健康①、②、③）／
- イラスト素材（健康）・ポスター素材（健康）

食と衛生だより素材 …… 156
- 食と衛生だより・囲み素材（衛生）／
- イラスト素材（衛生）・ポスター素材（衛生）

クッキング保育素材 …… 160
- 2歳児〜5歳児クッキング保育 ポイント＆レシピ／
- クッキング報告だより・イラスト素材（クッキング）

食育教材 …… 166
いも・野菜のでき方／栽培カレンダー／食材当てゲーム／食材カードゲーム／旬の食材に分類する／触覚・嗅覚・味覚／食材を分類する／食事マナー間違い探し／はし・器の持ち方／食べ物のゆくえ／食べ物なぞなぞ／食べ物が登場するお話

アンケート素材 …… 179
食育アンケート

 付録 CD-ROMの使い方 …… 180
付属CD-ROMの構成／Wordで食育だよりを作ろう

※本書は園の運営状況や方針、子どもの発達状態に合わせてご使用ください。

食育で「食を営む力」を身につける

食育とは

「食育」とは、さまざまな経験を通して、食に関する知識とバランスのよい食事を選択する力を身につけ、健全な食生活を実践できる力を育むことです。食べることは生涯にわたって続く基本的な営みですから、その基礎を培う乳幼児期の食育はとても重要です。

健康的な食習慣を身につけるとともに、だれかと食事を楽しんだり、食べ物を栽培・収穫したり、旬の食材や郷土料理を味わったりするなどの活動を通して、心と体の健康を維持しながら「食を営む力」（しっかり食べる力）を育んでいくことが求められます。

国による食育推進計画

食生活の乱れによる栄養の偏りや生活習慣病の増加などにより、食育を計画的に推進していく「食育基本法」が2005年に施行されました。国では、「食育基本法」にもとづいて、食育の推進に関する方針や目標を掲げた「食育推進基本計画」を定めています。2016～2020年度（平成28～32年度）の5年間で推進する「第3次食育推進基本計画」では、5つの重要課題を中心に取り組んでいます。特に子どもの食育には重点がおかれています。子どもの食育は家庭だけでなく、子どもに関わる大人や社会が協力してすすめていく必要があります。

🍚 第3次食育推進基本計画の重点課題

生涯にわたって、健全な心身を培い、豊かな人間性を育む
（重要課題とおもな目標値）

❶ 若い世代を中心とした食育の推進
➡ 朝食を欠食する若い世代の割合：24.7%→15%以下に など

❷ 多様な暮らしに対応した食育の推進
➡ 朝食や夕食を家族と一緒に食べる回数：
週9.7回→週11回以上に など

❸ 健康寿命の延伸につながる食育の推進
➡ ゆっくりよく噛んで食べる国民の割合：
49.2%→55%以上に など

❹ 食の循環や環境を意識した食育の推進
➡ 農林漁業を経験した世帯の割合：
36.2%→40%以上に など

❺ 食文化の伝承に向けた食育の推進
➡ 伝統的な料理や作法等を継承している若い世代の割合：
49.3%→60%以上に など

🍚 生涯を通じて食育で育てたい「食べる力」

（内閣府）

乳幼児期の食育は子どもの発達に欠かせない

子どもの「食べたい」という意欲は、生まれた直後から備わっていますが、まだ歯が生えておらず消化器官も未熟なため、母乳やミルクで栄養を摂り、離乳食を少しずつ食べながら、食べ物を体に慣らしていきます。そして、手指の発達にともなって、食べさせてもらう立場から、スプーンやはしを使って食べるようになります。成長するにつれて、食事を与えられる立場から自ら食べたい物を選択できるようにもなるでしょう。そして、安定した生活習慣によって、人と一緒に食事をする楽しさを感じ、さまざまな物を食べたり、手伝いや栽培、食の知識の獲得などの経験を積み重ねながら、「食を営む力」が高まっていきます。このように、子どもの多くの時間は、食事の時間以外も食べることにつながっていますので、子育てや保育の中の食育は大きなものとなります。

生涯にわたって健全な心身で生きていくためには、正しい食習慣を身につけたり、必要な栄養を摂ることを常に意識して、継続しなくてはなりません。その基礎となる幼児期には、園でも家庭でもまわりの大人のサポートや食育が必要になります。子どもの発達に応じて、大人が食に関わるほど、子どもの「食を営む力」は育まれていきます。

食育でめざす子どもの像

「食を営む力」の基礎を育む場として、多くの時間をすごす保育所での食育は大きな役割をはたしています。「保育所保育指針」では、保育の一環として食育を位置づけ、明記しています。

また、「保育所における食育に関する指針」（2004年厚生労働省通知）では、「保育所保育指針」で述べている保育の目標を、食育の観点から5つの子どもの像として表し、実現をめざしています。

楽しく食べる子ども

お腹がすくリズムのもてる子ども
十分に眠って、たくさん遊び、規則正しい食事をしながら生活リズムを整えていく中で、「お腹がすいた」「食べたい」という感覚をもち、それを満たす心地よさを実感できるようにしましょう。

食べたいもの、好きなものが増える子ども
栽培・収穫・調理などの体験を通して、食べ物に親しみ、興味をもって「食べてみよう」という気持ちを育みましょう。そして、子ども自身が成長に必要なものを選んで食べることができるようにつなげていきましょう。

一緒に食べたい人がいる子ども
保護者や友だちと楽しく食事をしたり、協力し合って食事の準備するなど、人とかかわりを通し信頼感や愛着が形成されていく中で食事への意欲（食事を楽しみにする気持ち）を育てます。

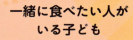

食事づくり、準備にかかわる子ども
クッキングや食事の準備の手伝いなどを通して、食べるまでの過程を知り、食事ができることの喜びを感じられるように、作ってくれる人への感謝の気持ちも育てましょう。

食べものを話題にする子ども
食に関する様々な体験や作る人との触れ合いを通して、食べものや食事への興味を高めます。自分の健康や食べ物のことを話題にするようになり、食事の大切さに気づかせます。

乳幼児への食育のねらい

「保育所における食育に関する指針」（2004年厚生労働省通知）では、3歳以上児の食育の内容は、以下の5項目からとらえています。なお、3歳未満児については、発達の特性からみると区別することが難しいので、5項目に配慮しながら進めていきましょう。

食育の5項目

1. **食と健康** 　食を通じて、健康な心と体を育て、自ら健康で安全な生活をつくり出す力を養う
2. **食と人間関係** 　食を通じて、ほかの人々と親しみ支え合うために、自立心を育て、人とかかわる力を養う
3. **食と文化** 　食を通じて、人々が築き、継承してきた様々な文化を理解し、つくり出す力を養う
4. **いのちの育ちと食** 　食を通じて、自らも含めたすべてのいのちを大切にする力を養う
5. **料理と食** 　食を通じて、素材に目を向け、素材にかかわり、素材を調理することに関心を持つ力を養う

発達に合わせた食育のねらい

6か月未満児
1. お腹がすき、乳（母乳・ミルク）を飲みたい時、飲みたいだけゆったりと飲む。
2. 安定した人間関係の中で、乳を吸い、心地よい生活を送る。

6か月～1歳3か月未満児
1. お腹がすき、乳を吸い、離乳食を喜んで食べ、心地よい生活を味わう。
2. いろいろな食べものを見る、触る、味わう経験を通して自分で進んで食べようとする。

1歳3か月～2歳未満児
1. お腹がすき、食事を喜んで食べ、心地よい生活を味わう。
2. いろいろな食べものを見る、触る、噛んで味わう経験を通して自分で進んで食べようとする。

2歳児
1. いろいろな種類の食べ物や料理を味わう。
2. 食生活に必要な基本的な習慣や態度に関心を持つ。
3. 保育士を仲立ちとして、友達とともに食事を進め、一緒に食べる楽しさを味わう。

3歳以上児
食と健康
1. できるだけ多くの種類の食べものや料理を味わう。
2. 自分の体に必要な食品の種類や働きに気づき、栄養バランスを考慮した食事をとろうとする。
3. 健康、安全など食生活に必要な基本的な習慣や態度を身につける。

3歳以上児
食と人間関係
1. 自分で食事ができること、身近な人と一緒に食べる楽しさを味わう。
2. 様々な人々との会食を通して、愛情や信頼感を持つ。
3. 食事に必要な基本的な習慣や態度を身につける。

3歳以上児
食と文化
1. いろいろな料理に出会い、発見を楽しんだり、考えたりし、様々な文化に気づく。
2. 地域で培われた食文化を体験し、郷土への関心を持つ。
3. 食習慣、マナーを身につける。

3歳以上児
いのちの育ちと食
1. 自然の恵みと働くことの大切さを知り、感謝の気持ちを持って食事を味わう。
2. 栽培、飼育、食事などを通して、身近な存在に親しみを持ち、すべてのいのちを大切にする心を持つ。
3. 身近な自然にかかわり、世話をしたりする中で、料理との関係を考え、食材に対する感覚を豊かにする。

3歳以上児
料理と食
1. 身近な食材を使って、調理を楽しむ。
2. 食事の準備から後片付けまでの食事づくりに自らかかわり、味や盛りつけなどを考えたり、それを生活に取り入れようとする。
3. 食事にふさわしい環境を考えて、ゆとりある落ち着いた雰囲気で食事をする。

（厚生労働省「保育所における食育に関する指針」）

栄養バランスのよい食事ができる子に

子どもに必要なおもな栄養素

健康の維持や、子どもの健全な成長のためには、多種多様な食品から必要な栄養を摂取していくことが大切です。偏った食べ方では必要な栄養を満たせません。子どもの場合、自分に必要な栄養を理解していませんので、家庭や園での食事の提供のバランスが重要になります。

園での給食は、1日当たりの推定エネルギー必要量のうち、1～2歳児は昼食と間食で1日の約50％、3～5歳児は昼食は約35％、間食は約10％を補うことを目安にしています。これを保護者にも伝えて、朝食や夕食の際に調整してもらうように促しましょう。

必要なエネルギーや栄養の摂取量は、「日本人の食事摂取基準」（2015年版厚生労働省）に示されていますので、目安にしてもらうとよいでしょう。

また、五大栄養素や三色食品群などを子どもに伝えて、自分に必要な食品を選ぶ力を育てることも食育の大切な役割です。

生命を維持するための五大栄養素

五大栄養素
- 炭水化物
- たんぱく質
- ミネラル（無機質）　カルシウム、鉄、亜鉛、マグネシウムなど
- ビタミン　ビタミンA、ビタミンB群、ビタミンC、葉酸など
- 脂質

エネルギーの食事摂取基準：推定エネルギー必要量

年齢	男性	女性
0～5か月	550（kcal/日）	500（kcal/日）
6～8か月	650（kcal/日）	600（kcal/日）
9～11か月	700（kcal/日）	650（kcal/日）
1～2歳	950（kcal/日）	900（kcal/日）
3～5歳	1300（kcal/日）	1250（kcal/日）

（厚生労働省「日本人の食事摂取基準」（2015年版））
※身体活動レベルはⅡ（ふつう）

子どもの主な栄養素の食事摂取基準：推奨量

栄養素	1～2歳 男子	1～2歳 女子	3～5歳 男子	3～5歳 女子
たんぱく質（g/日）	20	20	25	25
たんぱく質目標量	13～20（％エネルギー）※			
脂質目標量	20～30（％エネルギー）※			
炭水化物目標量	50～65（％エネルギー）※			
カルシウム（mg/日）	450	400	600	550
鉄（mg/日）	4.5	4.5	5.5	5.0
ビタミンA（μgRAE/日）	400	350	500	400
ビタミンB₁（mg/日）	0.5	0.5	0.7	0.7
ビタミンB₂（mg/日）	0.6	0.5	0.8	0.8
ビタミンC（mg/日）	35	35	40	40
食塩相当目標量（g/日）	3.0未満	3.5未満	4.0未満	4.5未満

（厚生労働省「日本人の食事摂取基準」（2015年版））
※1日の総エネルギー摂取量を100％としたときの割合の目標量

序章　食育で「食を営む力」を身につける／栄養バランスのよい食事ができる子に

三色食品群と6つの基礎食品群

食品に含まれる栄養素や働きによる分類方法として「三色食品群」や「6つの基礎食品群」などがあります。この中から食品を組み合わせて、バランスよく食べることが大切です。食品の栄養素の働きを理解してから「食事バランスガイド」などで確認すると、食生活に足りない栄養を知ることができます。

	主な働き		主な食品	主な栄養素
三色食品群	主に体をつくるもとになる	1群	肉・魚・卵・大豆製品	たんぱく質
		2群	牛乳・乳製品・海藻・小魚	カルシウム
	主に体の調子を整える	3群	緑黄色野菜	カロテン
		4群	淡色野菜・果物	ビタミンC
	主に体を動かす力のもとになる	5群	穀類・いも類・砂糖類	炭水化物
		6群	油脂・脂肪の多い食品	脂肪

食事のバランスガイド

国では、バランスのとれた食事の実現に向けて、「1日に何をどれだけ食べたらよいのか」がわかる目安として「食事バランスガイド」を策定しています。ここには、6歳未満の摂取量が明記されていないので、3〜5歳児を対象にした「幼児向け食事バランスガイド」を作成している自治体もあります。

「食事バランスガイド」はコマをイメージしており、「適量でバランスのよい食事」(コマの本体部)、「十分な水分摂取」(コマの軸)、「菓子・嗜好飲料は楽しく適度に」(コマのひも)、「適切な運動をしている」(回す人)が揃うと、良好な栄養摂取ができ、それをきちんと使えている健康的な状態であることを示しています。これらを参考に、保育者がバランスのよい食事のとり方への理解を深め、保護者にも伝えていきましょう。

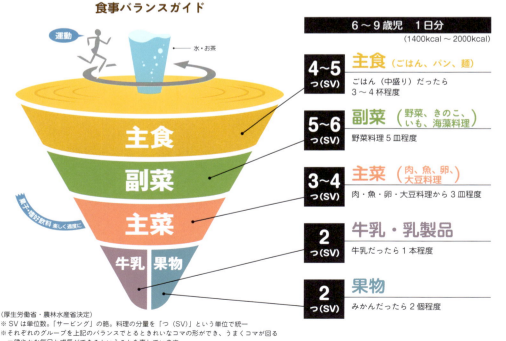

(厚生労働省・農林水産省決定)
※ SVは単位数。「サービング」の略。料理の分量を「つ(SV)」という単位で統一
※ それぞれのグループを上記のバランスでとるときれいなコマの形ができ、うまくコマが回る
　＝健やかな毎日と成長ができるということを表しています

(「東京都幼児向け食事バランスガイド」より)

1章 知識

子どもの発達に合わせた食育を知ろう！

1章では、めざましい成長を遂げる
0〜5歳児の体と心の発達の特徴や、
発達に合わせた食育のポイントを紹介しています。
また、配慮が必要な子どもの食事や食育の
対応方法や留意点などを解説しています。

子どもの心身の発達と食育

0〜5歳は、心身ともにめざましい発育を遂げる時期です。年齢ごとに、「今できること」「今わかること」をしっかりと把握し、子どもの発達に合った食の体験を進めましょう。

口腔内の発達と食育

5、6か月ごろになると、子どもは唇を閉じることにより、食べ物を飲み込めるようになります。最初は前後だけだった舌の動きが上下や左右に広がるにつれ咀しゃくが上手になり、1歳代で奥歯が生えてくると食べ物を噛み砕けるようになります。ただし、ある程度かたい物が食べられるのは3歳ごろから。食育を進める際には、こうした口腔内の発達と咀しゃくの力に配慮することが大切です。

手指の運動機能の発達に合わせた食育

鉛筆握り

手指の運動機能の発達は、食育に大きく関わっています。たとえば食べ方ひとつとっても、最初は食事を大人に食べさせてもらいますが、9か月ごろからは自分から手づかみ食べをするように。さらに、1歳6か月ごろからはスプーンやフォークを、3歳ごろからははしを使い始めながら食べるようになります。また、野菜をちぎる、皮をむく、包丁を使うといった調理も、年齢が上がるにつれて複雑な作業ができるようになります。「自分でできた」という自信や達成感を育てるうえでも、子どもの手指の発達に合った食育を行いましょう。

知能の発達に合わせた食育

子どもは記憶力が発達する2歳くらいから、食べ物や料理の名前を少しずつ覚えていきます。また、4歳くらいになると食べ物の旬を説明されるとわかるようになり、5歳ごろからは食べ物が体にどんな役割をするのか理解したり、いろいろな味覚を受け入れて食べ物を味わうようになります。子どもは自分の身の回りの物事に対して好奇心が旺盛です。子どもの知能の発達に合わせた食育を計画することが、食への関心を促し、食材や料理、食の文化やマナーなど幅広い項目についての知識や理解を深めるポイントとなります。

食に関する心身の発達の目安

※発達には個人差があります。下記の年齢は目安としてご覧ください。

年齢	口腔内の発達		手の機能の発達			心の発達
0歳	●よだれが増える ●大人の食事を見て、口をモゴモゴ動かす ●食べ物を舌と歯ぐきでつぶして、飲み込む	●手づかみ食べをする	●コップを持ちたがる			●食べ物を見ると喜ぶ ●親と同じ物が食べたくなる
1歳	●食べ物を前歯でかじりとり、奥の歯ぐきで噛む ●奥歯が生え、奥歯で噛む力がついてくる	●手づかみ食べからスプーンやフォークを使って食べようとする（上握りでスプーンを持つことが多い） ●スプーンやフォークを使って食べる（下握りでスプーンを持つことが多い）	●器に手を添えて食べる ●器を持って食べる ●自分でコップを持って飲む			●自分で食べようとする ●食事を楽しみに待つ ●遊び食べが始まる ●むら食べが始まる ●食べ物の好き嫌いが始まる
2歳	●かたい物が食べられるようになる	●スプーンやフォークを使って食べる（鉛筆握りでスプーンを持つことが多い） ●はしに興味を持ち、使おうとする	●スプーンやフォーク、茶碗を持って食べる	●野菜をちぎる ●だんごを丸める		●「おいしい」と言う ●あいさつを言う ●食べ物の名前を少しずつ覚える
3歳		●はしで食事をすることができる	●自分だけで食事ができる	●ボウルの野菜を混ぜる ●とうもろこしなどの皮をむく		●いろいろな食べ物を楽しむ
4歳			●はしと茶碗を持って食べる	●クッキー生地をこねる ●ほうれんそうなどの水気をしぼる ●野菜の皮をピーラーでむく ●ハンバーグを焼く手伝いができる ●ご飯をよそう		●友だちと食べることを楽しむ ●行事食がわかる ●旬の食材がわかる ●自分が食べる分量がわかる ●食べ物を分け合うことができる
5歳		●はしの使い方が上手になる		●野菜を切る ●野菜を炒める ●おにぎりをにぎる		●食べ物の栄養の働きがわかる ●食べ物に感謝できる ●いろいろな味覚を受け入れて味わう

1章 知識　子どもの発達に合わせた食育　▼　子どもの心身の発達と食育

6か月未満児　心身の発達と食育

すべての栄養を母乳やミルクから摂る時期です。最初は泣くのを合図に授乳を行いますが、しだいに授乳間隔が定まってきます。5か月ごろから心身ともに離乳食の開始に向けて準備が整ってきます。

心身の発達の特徴

生後0、1か月ごろ

体の成長が目覚ましい時期
一生の中で体が最も成長するころです。新生児のころは細くて弱々しい体つきですが、1か月くらいするとふっくらし、手足を活発に動かすようになります。視力は1か月を過ぎても目の前の物を少し目で追う程度ですが、耳はよく聞こえます。原始反射があります。

泣くことで不快を訴える
生まれたときから快・不快の感覚があり、空腹や、のどの渇き、暑さなどの不快を泣くことで表現します。しだいに、授乳後に満足そうな顔をするなど、少しずつ表情が出てきます。物音などに敏感でよく泣く子やあまり動じない子など、すでに個性が見られます。

生後2、3か月ごろ

渡したものを短時間手で持てる
少しずつ首がすわり、体つきがしっかりしてきます。うつぶせにすると少し頭を上げる子もいます。手指の力がついてくるので、ガーゼなどを握ったり、大人が持たせると軽いガラガラを短時間持っていることができます。指しゃぶりを始める子が多くなります。

あやすと反応するようになる
あやすと反応するようになります。最初はにっこりする程度ですが、しだいにはっきり笑うようになり声を出す子もいます。甘えたり怒ったり、感情によって泣き方が変わってきます。おもちゃや母親を目で追ったりする追視や、自分の手をじっと見たりなめたりして確認するハンドリガードを行います。

生後4、5か月ごろ

首すわりが完成する
首がしっかりすわり、5か月になると寝返りを始める子もいます。目がはっきり見えるようになり、興味があるものを見つけると、自分から手を伸ばしてつかんだり口に入れて確かめようとします。わきを支えて立たせると脚を屈伸させて遊ぶ子もいます。

感情表現が豊かになる
自分の周囲への関心が広がります。じっとものを見ようとしたり、耳を澄ませる様子が見られ、かまってもらえないとぐずります。うれしいときは声を出して笑う、怒ると泣いて体をそらすなど、感情表現が豊かになります。身近な人の顔が少しわかるようになります。

授乳の特徴と食育

	授乳の**間隔**・**量**の**目安**	口の中の発達の**様子**	食事への**関心**
生後0、1か月ごろ	母乳もミルクも泣いたら与えることが基本です。授乳時間は短く約15分、ひんぱんに与えます。ミルクは生後2週間までは1回に60〜80ml、2週間以降は1回に80〜120ml、満1か月以降は120〜160mlが目安です。	0か月ごろは、本能的な反射運動により飲みます。少し飲んでは疲れて眠ったり、むせたりする子もいます。1か月ごろは、飲み方が徐々に上手になります。しかし拒否能力が未熟なため飲みすぎることもあります。	泣いて空腹を訴えたら授乳するのが基本の時期ですが、1か月ごろからは空腹以外の理由で泣くこともあります。あまり頻繁に欲しがる場合は、空腹以外の理由を考えましょう。
生後2、3か月ごろ	授乳間隔は、2か月ごろに3時間、3か月ごろに4時間ほど空くようになります。ミルクは2、3か月ごろは1回160〜200mlが目安ですが、飲む量は一時的に減る傾向があります。	2か月ごろは、「だらだら飲み」でやや能率が悪くなります。吸い方にゆとりができて「遊び飲み」をすることもあります。3か月ごろは、ムラがなくなり、周囲に気をとられずに飲み続ける「ながら飲み」ができるようになります。	遊び飲みをして授乳が進まないときは、10〜15分くらい中断して与えたり、場所や抱き方を変えるなど飲ませる工夫をします。毎回、やさしく声かけをしながら与えましょう。
生後4、5か月ごろ	授乳間隔はリズムがついて決まってきます。ミルクは4か月ごろは1回160〜200ml、5か月ごろになったら1回200〜240mlが目安です。離乳食を始めたら、授乳時間の1回を離乳食に当て、離乳食後に授乳します。	吸う力が強くなるので、授乳時間が短くなります。遊び飲みをすることが少なくなり、必要量を飲むことができます。離乳食の開始ごろは一時的に飲まなくなることもありますが、一週間ぐらいで回復します。	授乳のリズムを守り、決まった時間に授乳します。大人がおいしそうに食べる姿を見せて食べることに興味を持たせます。離乳食を先に食べさせ、その後に授乳します。

POINT 授乳時の注意点

子どもによって、発育や発達の状態は異なり、授乳のペースも個人差があります。家庭と密に連携をとりながら、その子にとって最もよいペースややり方で授乳しましょう。この時期の子どもにとって、泣いて空腹を訴えることは生きる欲求の表れでもあります。生活リズムを整えたり、十分に遊ばせる、優しく声かけしながら飲ませるなど子どもの食欲を促す工夫を行うことが大事です。

POINT 離乳食開始のめやす

離乳食の開始は5、6か月ごろです。首がすわり支えると座っていられる、大人が食べている様子を見て食べたそうに目で追ったり、もぐもぐ口を動かす、離乳食用のスプーンを口に入れても舌で押し出すことが少なくなるなどのサインが見られたら始め時です。

授乳での目標

- ゆったりした授乳を通して子どもに安心感や人への信頼感を育む。
- 子どもの発達や発育、個性などの個人差を踏まえて授乳する。
- 生活リズムや授乳のペースを整え食欲を促すかかわりを工夫する。

1章 知識　子どもの発達に合わせた食育　6か月未満児 心身の発達と食育

6か月〜1歳6か月未満児

心身の発達と食育

離乳食の開始から完了までの時期です。母乳・ミルク以外の食べ物を飲み込むことに慣らすことからスタートし、だいたい1歳6か月までには、食べ物だけで栄養を摂れるようにします。

心身の発達の特徴

生後6か月ごろ

寝返りを始める子が増える
寝返りを始める子が増えますが、うつぶせの姿勢を嫌がって寝返りをしない子もいます。支えてもらうと座れるようになり、そのうち自分の手で体を支えて座れる子が出てきます。6か月ごろから下の前歯が生え始める子もいます。

感情が豊かになる
親しい人とそうでない人の区別がつくようになり、知らない人に対して人見知りを始める子がいます。楽しいと声を出して笑ったり怒ると体を反らして泣くなど、感情の表し方が豊かになります。「ばーば」「だーだ」と意味のない言葉を発します。

生後7、8か月ごろ

ずりばいやはいはいで動く
支えられなくてもしばらくの間、座れるようになります。ずりばいを始め、しだいにおなかを持ち上げたはいはいに移行しますが、まだしない子もいます。指の使い方が器用になり、親指とほかの4本の指で積み木などを挟んで持てるようになります。

人見知りや場所見知りをする
8か月ごろをピークに、人見知りをする子が増えていきます。知らない場所を嫌がる「場所見知り」をする子もいます。大人が話しかけると一生懸命聞こうとしたり、名前を呼ばれると声がした方向を見るなど、話しかけに反応するようになります。

生後9〜11か月ごろ

つかまり立ち・伝い歩きをする
座ったりはいはいの姿勢から、低いテーブルなどにつかまって立てるようになります。つかまり立ちに慣れ、平衡感覚が発達すると伝い歩きを始める子も出てきます。親指と人さし指でものをつまめるようになります。前歯が生える子が多くなります。

大人のまねをする
後追いを始める子が増えます。大人がすることへの興味が強くなり、バンザイや拍手、バイバイなどをまねるようになります。欲しいものがあると、手さしや指さしをしながら声を出すなど、気持ちを相手に伝えようとするしぐさをします。

1歳〜1歳5か月ごろ

ひとりで歩くようになる
1歳ごろからひとり歩きを始め、ほとんどの子が1歳6か月までに歩くようになります。運動量が増え、徐々に引き締まった体型になります。ボタンを押す、クレヨンでなぐり描きをするなど、道具を使い始めます。前歯が4本生えそろい奥歯が生える子も。

意味のある言葉が出る
言葉の理解が進みます。「ないないしてね」と言うと片づけるなど、簡単な言葉が理解でき、「ワンワン」「マンマ」など意味のある言葉を話すようになります。自我が芽生え、自己主張が強くなり思い通りにならないとかんしゃくを起こす子もいます。

離乳食の特徴と食育

	食事の**内容**	食事への**関心**	食べ方の**様子**	保育者が援助する際の**注意**
生後6か月ごろ	離乳食1回＋ミルクか母乳200ml（開始時）。ポタージュ状のおかゆをスプーン1さじから始め、慣れたらパン、うどん、野菜、いも、果物、豆腐などを与えます。1か月ほどして飲み込みが上手になれば2回にします。	食べ物を見ると口を動かして食べたそうな様子を見せ、スプーンを近づけると口を開けます。ただし、口を開けなかったり泣き出す子もいます。その場合は、無理に与えることはしません。	保育者が抱っこをして食べさせます。最初は上唇を動かしませんが、しだいに自分で上唇を動かして食べ物を取り込むようになります。唇を閉じて食べ物をゴックンと飲み込めるようになります。	なかなか離乳食を食べようとしない場合も焦らずに、楽しい雰囲気を作り出すよう声かけなどを工夫しましょう。食べる量は気にしないようにします。
生後7、8か月ごろ	離乳食2回＋母乳やミルクは欲しがるだけ与えます。舌でつぶせる豆腐状の食べ物にします。鶏肉、赤身魚など食べられるものが増えるので、食品数を増やし、栄養バランスのよい食事を与えます。	白がゆを嫌がるなど、少しずつ食の好みが出てきます。食欲旺盛で口に入れるとすぐに次を欲しがる子は、丸飲みしている可能性があるので注意が必要です。コップやスプーンを持ちたがる子もいます。	しっかり座れるようになったら、食事用のいすに座って食べさせます。舌を上下に動かし、食べ物を上あごに押し当ててつぶします。唇を閉じたまま、口を左右にモグモグ動かして食べます。	「おいしいね」などと声かけをしながら子どものペースで与えます。ただし、次々と丸飲みする場合は、口の中のものを飲み込むまで待って与え「モグモグしようね」と声をかけて咀しゃくを促します。
生後9〜11か月ごろ	離乳食3回＋母乳やミルクは欲しがるだけ、奥の歯ぐきでつぶせるバナナくらいのかたさの食べ物を与えます。貧血になりやすいので鉄を含む食材を加えます。少量の調味料が使えるようになります。	自分で食べたいものを指さしをして教えるようになります。食事への興味が強くなる一方、食事の途中でいすから出ようとしたり食べ物をぐちゃぐちゃにするなど遊び食べが盛んになります。	まだ食べさせてもらうことがメインですが、自分で欲しい食べ物に手を伸ばして手づかみ食べもします。口に入れた食べ物は、舌を左右に動かして片方に寄せ、奥の歯ぐきを使ってつぶして食べます。	手でつかみやすいメニューを取り入れ、手づかみ食べを促します。遊び食べは食への興味でもあるので、ある程度は見守りましょう。食事前後のあいさつは毎回忘れずに行い、習慣にしていきます。
1歳〜1歳5か月ごろ	離乳食3回＋軽食。歯ぐきで噛める肉団子くらいのかたさを目安にします。揚げ物も食べられるようになります。手づかみやスプーンにのせて食べやすい形状にします。	スプーンやフォークを使うことに興味が出ます。遊び食べが盛んで、すぐに席を立って食べ歩きをしようとする子もいます。野菜類を嫌がるなど好き嫌いがはっきりし、むら食べをすることがあります。	テーブルに向かいいすに座って食べます。手づかみやスプーンやフォークを使って食べようとしますが、まだよくこぼします。前歯で食べ物をかじり取り、奥の歯ぐきを使ってつぶして食べます。	ゆっくり食べるように声かけしましょう。スプーンやフォークでうまく食べられない場合は、手を添えるなど適度な介助を行います。自分で食べたという満足感を与えつつ、食事量を保つよう気をつけます。

食育での目標

- きちんとおなかをすかせて食べるというリズムを整える。
- 母乳・ミルクから徐々に食事で栄養を摂れるようにする。
- いろいろな食べ物を見たり、触ったり、味わったりの経験をさせる。
- 自分で食べようとする意欲を育てる。

1章 知識　子どもの発達に合わせた食育　6か月〜1歳6か月未満児 心身の発達と食育

1歳6か月〜2歳未満児

心身の発達と食育

自由に動き回るようになり、動きが活発になります。自己主張が強くなりますが、まだ自分の気持ちを十分言葉で表せません。子どもの気持ちをていねいにくみ取りながら、食の自立を促しましょう。

心身の発達の特徴

動きが活発で手指の動きも発達する

1歳6か月までにほとんどの子が歩き始めます。筋力が増え体のバランス感覚が発達するにつれ、小走りやボール遊びができるようになります。手指の動きも発達し、クレヨンでなぐり描きをしたり、ボタンを押す、小さいものをつまむなどの動作も上手になります。

思い通りにならないと「いや」と言う

自分の思い通りに行動したいという気持ちが強くなり、欲求がかなえられないと、「いや」「だめ」「しない」など、否定的な言葉を使うことが増えます。大人が言うことはほとんど理解できますが、発語は個人差があります。大人の行動をまねて同じことをしたがります。

食事の特徴と食育

食事の内容	食事への関心	食べ方の様子	保育者が援助する際の注意事項
さまざまな食感や味覚を味わわせる	**食材を見極める行為をする**	**スプーンやフォークを使い始める**	**食べる意欲を引き出す声かけを**
1歳6か月ごろには離乳食を完了し、幼児食へ移行します。食材や調理法により、いろいろな食感や味覚を体験させましょう。乳歯が生え揃っていないので、大きさやかたさなど調理形態に配慮が必要です。	初めての食材に出会うと、なめたり、口に入れてもすぐ出したりする子がいます。一見、遊び食べのようですが、これらは、子どもなりに食材を見極めようとする行為です。しばらくは見守りましょう。	手づかみ食べから、徐々にスプーンやフォークを使って食べるようになります。使いやすい大きさ、長さ、重さのものを選びましょう。まだ上手に口に運べなくても大丈夫。手づかみ食べでも、食欲を育てます。	スプーンやフォークがうまく使えず食べ物をこぼしても、すぐに対応せず見守ります。「もうちょっとだね」「上手に食べられたね」など、子どもの気持ちに寄り添った声かけで、自分で食べる意欲を引き出します。

食育での目標

- 幼児食に移行し、いろいろな食感や味覚を体験させる。
- 手づかみ食べからスプーンやフォークを使った食事への移行を促す。
- 自分で食べようとする意欲をサポートする。

2歳児 心身の発達と食育

心身ともに乳児から幼児へ移行する時期です。自己主張はさらに強くなり、何でも自分でやりたがります。食事をひとりで食べ終えることができるよう、子どものやる気を応援する関わりが大事です。

心身の発達の特徴

道具を使って遊べるようになる

すべり台を何度も繰り返しすべるなど、遊具で熱心に遊ぶようになります。道具の使い方が上手になり、スコップで砂山を作ったりはさみを使って簡単な製作も行います。シールをはがす、粘土遊びをするなど、指先を使って細かい作業もできるようになります。

自分でやりたがる半面、甘えることも

2語文が出始め、語彙の数も増えます。自分でやりたいという気持ちが強く、うまくできないとかんしゃくを起こすことがありますが、一方では保育者に甘えてやってほしがることも。2歳後半ごろからは自分でやり遂げられたことに、誇りを感じるようになります。

食事の特徴と食育

食事の内容	食事への関心	食べ方の様子	保育者が援助する際の注意事項
大きさややわらかさなどの食べやすさに気をつける	**食事への興味や好き嫌いがはっきりしてくる**	**スプーンやフォークで自分で食べられるように**	**五感に訴える声かけで食べ物に関心を高めて**
幼児食を与えますが、繊維質が多かったり、かたい食材はまだ噛み切れないので、食べやすく調理する必要があります。野菜や肉などは、子どもがフォークで刺して食べやすい大きさに切ったものを与えます。	知らない食べ物を見ると、「これは何？」と聞くことが増えます。好きなものと苦手なものが言えるようになり、苦手なものでも、保育者が声かけをして励ますと、頑張って食べようとします。	フォークやスプーンの持ち方を教えると、自分で食べることができるようになり、手づかみ食べが少なくなります。また、食事のマナーがわかってきて、「いただきます」「ごちそうさま」の合図が待てます。	「おいしそうなにおいだね」「熱いからフーフーしてね」など、五感に訴える声かけで食べ物への興味や関心を高めましょう。食が進まない子には「頑張ってパックンできるかな？」など励ましの言葉をかけます。

食育での目標

- スプーンやフォークを使って自分で食べる意欲を持たせる。
- 食事を五感で味わって食べるよう声かけを工夫する。
- 食事のマナーやあいさつを教える。

3歳児　心身の発達と食育

引き締まった体型になったり言葉や記憶力が発達するなど、成長が感じられる時期です。本格的な友だち遊びが始まり、集団生活を通して食事の楽しさやマナーなどを身につけていきます。

心身の発達の特徴

左右の手の協同作業ができるようになる

身体全体のバランスがとれるようになり、片足立ちやジャンプを始めます。3歳後半では、片足ケンケンやスキップをする子も出てきます。神経が発達し、片手で紙を持ちながらもう片方の手ではさみを使うといった、左右の手の協同作業もできるようになります。

生活のルールを認識する

物事の因果関係に気づき始め「なぜ？」「どうして？」という問いをするようになります。言葉の理解が進み、記憶量も発達するので、ていねいに説明すると理解できることが増えます。友だちとのかかわりを楽しむとともに、生活のルールを意識するようになります。

食事の特徴と食育

食事の内容

大人より、まだ噛む力が弱いので調理に工夫を

幼児食を与えます。乳歯が生え揃い奥歯ですりつぶせるようになりますが、大人よりも噛む力が弱いので食べやすいように調理します。さまざまな大きさや形、かたさを経験できるよう工夫しましょう。

食事への関心

皆で食べる喜びを感じられるようになる

友だちと一緒に食べることが今まで以上に楽しくなります。苦手な食材も、ほかの子が食べていると刺激を受けて食べようとすることもあります。前もってメニューを知らせると食事への興味が高まります。

食べ方の様子

マナーへの理解が深まりはしも使い始める

スプーンやフォークを使って、ひとりでこぼさず食べられるようになります。食事中に騒がない、立ち歩かないなどのマナーも理解できてきます。はしを使い始めますが、うまく使えない子もいます。

保育者が援助する際の注意事項

子どもの様子を見守り食事への自立を促す

食事の自立に伴い、必要以上の援助は控えます。食べ始めから5分間は声かけをせず、子どもの様子を見守りましょう。好き嫌いやむら食いなどは、家庭とも連携を取り合って対応を。はしへの移行は焦らないで。

食育での目標

- 集団で食べることを通して、食事の楽しさを感じさせ、マナーを知る。
- スプーンやフォークを使ってこぼさず食べられるようになる。
- ひとりひとりの食行動に注意を払い、食事の自立を確立する。

4歳児 心身の発達と食育

バランスやリズム感覚が発達し、ブランコをこいだりスキップをすることが上手になります。友だちとの関わりはいっそう緊密になり、食事中も会話を楽しみながら食べるようになります。

心身の発達の特徴

全身の細かいバランスがとれる

脳の発達により、徐々に全身の細かいバランスを必要とするダンスや遊戯ができるようになります。片足でケンケンも上達しボールをけって遊べます。手は左右を別々に動かすことが上手になり、楽器を操作したり、服のボタンが留められるように。丸や四角など簡単な図を描くこともできてきます。

相手の気持ちが理解できる

自意識が芽生え始め、自分が人にどう見られているかを意識するようになります。ほめられると誇らしい気持ちになりますが、期待通りにできないとふざけるなど、感情表現が複雑になります。泣いている子に「大丈夫？」と聞くなど、相手の気持ちを理解しようとするように。

食事の特徴と食育

食事の内容

食材をしっかり噛めるようになってくる

幼児食を与えます。4歳を過ぎると、多少かたさがある食材もしっかり噛んで食べられるようになります。まだ好き嫌いがある子もいますが、食べることを強要すると食事が苦痛になるので注意が必要です。

食事への関心

料理や配膳に興味を持つようになる

料理の名前を覚えるようになります。主食や汁物をよそったり正しい配膳を知るなど、食事の準備にも参加します。食べ物がどのような役割を果たしているかを保育者が説明すると、理解して興味を持ちます。

食べ方の様子

マナーを守れるようになるが食事の時間制限を設けるなどの工夫を

食事中は座っている、食具で食べるなどマナーを守れるようになります。友だちと楽しく会話しながら食べますが、騒がしくなりそうなときは食事に興味を戻す声かけをし、30分を目安に食べ終わるようにします。

保育者が援助する際の注意事項

必要以上に口を出さない

食べ残しを指摘されると、今まで以上にストレスを感じます。必要以上に口を出さないよう注意しましょう。レストラン形式の食事をする際は、ほかのクラスの子どもの状況も把握しておきましょう。

食育での目標
- 友だちと会話を楽しみながら和やかに食事をする。
- 食事のマナーを守って、お互い気持ちよく食事をする。
- はしを使って食べる練習をする。

5歳児 心身の発達と食育

精神的にも知的にも成長が著しい時期です。基本的な生活習慣が身につき、援助は必要としません。食事の感想を言い合ったり、手伝いをするなど、食事を通してさまざまな経験をさせましょう。

心身の発達の特徴

手指を使って知的な作業ができる

筋力やバランス感覚がさらに発達し、登り棒や鉄棒、とび箱、うんてい、縄跳びなどに挑戦して、徐々にできるようになります。お手本を見ながら文字を書いたり、三角形を描いたり、教わってあやとりをするなど、手指を使って知的な作業を行うようになります。

ルールを守り自分の役割を理解する

協調性が出てきて、ルールを守ったり自分の役割を理解するようになります。相手の気持ちや状況を思いやる力が育ちます。一方、相手から言われたことを、納得できないとやらないこともあります。トラブルが起きると、子ども同士で話し合って解決しようとします。

食事の特徴と食育

食事の内容

大人と同じようなかたさのものも食べられるようになる

幼児食を与えます。5歳後半になると、乳歯の奥に初めての永久歯が生え始め、ほぼ大人と同じ大きさやかたさのものが食べられます。多くの食品をさまざまな形態に調理しバランスよく食べさせましょう。

食事への関心

食事の感想を話すようになる

語彙が豊富になり、友だちと食事の感想を話して気持ちを共感したり、自分と違う意見があることを理解します。「ホクホクして甘いよ」「甘酸っぱくておいしいね」など味覚を言葉にすると食欲が増すことも。

食べ方の様子

食べられる適量がわかり一定の時間に食べられる

自分の適量がわかり、決められた時間内にほぼ食べ終えるようになります。はしを使って食べられる子が増えますが、うまく使えない子は無理に教えようとせず、遊びを通して練習させるなどの工夫をします。

保育者が援助する際の注意事項

クッキングや手伝いを通して食に興味を持たせる

出された食事を食べるだけでなく、クッキング保育などを通して、友だちと協力して食事を作る喜びや達成感を教えます。家庭でも、配膳や簡単な料理の手伝いを体験させることを保護者に提案しましょう。

 食育での目標
- 友だちと協力して食事の準備や調理体験をして、食の知識や興味を高める。
- 食事を通して、友だちと意見や感想を共有する。
- はしを使って食べる。

具合が悪い子どもへの食事の対応

「保育所保育指針」（2017年）では、「体調不良、食物アレルギー、障害のある子どもなど、一人一人の子どもの心身の状態などに応じて、嘱託医、かかりつけ医の指示や協力の下に適切に対応すること。栄養士が配置されている場合は、専門性を生かした対応を図ること」と留意事項が掲げられ、臨機応変な食事の提供が求められています。保育所に調理室があり、栄養士がいる場合は、子どもの状態に応じた食事の調整を行います。体調不良時に与えた飲食物は記録し、保護者に伝えるようにしましょう。

体調不良時での食事の提供の留意点

熱が高いとき
発熱している場合は、水分が失われるので、十分な水分補給をすることが大切です。
水分補給には、水、麦茶、湯冷まし、経口補水液（電解質飲料）などが適しています。食欲があるときは、口当たりがよいものや、エネルギー、たんぱく質、ビタミンA、ビタミンCが多いものを与えましょう。

食欲がないとき
病気ではなくて食欲がない場合は、食事を強制しないようにしましょう。ただし、脱水症状を防ぐために水分補給はしっかりします。
病気が原因で食欲がないときは、回復に合わせながら、やわらかく食べやすいものから徐々に普通食に戻していきましょう。

嘔吐したとき
繰り返し嘔吐しているときは、水分不足になるので、脱水症状に気をつけましょう。嘔吐から約30分後に吐き気がないようなら、1さじずつゆっくり水分補給をしましょう。
幼児は小さな氷片を与えてもよいでしょう。

便秘のとき
ほとんどの便秘は、水分不足、食事量不足、食事内容の影響によるものです。また、明らかな原因がない場合もありますので、適度な食事と運動を心がけます。乳児は、乳汁不足が考えられます。便をやわらかくする果汁、マルツエキスなどが効果的です。また、食物繊維や乳酸菌が含まれる食べ物を提供したり、家庭での食事もたずね、食事習慣を見直します。

下痢のとき
脱水症状を起こしやすくなるので、十分な水分補給をしましょう。胃腸への負担が少ない消化のよいものを与え、便の様子を見ながら、徐々に普通の食事に戻しましょう。
急性の下痢の場合は、下痢が落ち着いたら少しずつ水分補給を行います。冷たい飲み物、糖分の多いジュース、牛乳は下痢を誘発するので与えません。

口腔に異常があるとき
口の中に水疱や潰瘍があったり、のどに痛みがあるときは、薄味でなめらかな飲み込みやすい食事にしましょう。
酸味や塩味の強いものはしみて痛がるので避けましょう。温度は体温程度にします。飲み込みやすいプリン、ヨーグルトなどを与えます。咳が出ている場合は、パサパサするものや粉っぽいもの、冷たいもの、すっぱいものも避けましょう。

食物アレルギーへの対応

食物アレルギーとは

外部から侵入するウイルスや細菌を排除するための免疫反応が、特定の物質に対し過剰に起こることをアレルギーといいます。食物アレルギーは、特定の食物の摂取によりアレルギー反応が引き起こされ、体にさまざまな症状が起こることです。乳幼児期は、特に起こりやすく注意が必要です。

主なアレルギー症状

アレルギー症状として最も多いのは、じんましんなどの皮膚症状ですが、ほかにもさまざまな症状があります。また、食物の種類や摂取量、体調等により症状の重さは変わります。複数の臓器に症状が現れるアナフィラキシーショックを起こすと、命にかかわることもあります。

部位	症状
全身	アナフィラキシーショック、血圧低下、意識低下など
皮膚	かゆみ、ただれ、湿疹、じんましんなど
粘膜	くしゃみ・鼻水・鼻詰まり、目のかゆみ・充血、まぶたの腫れ、唇の腫れ、口のまわりや口の中のかゆみ・違和感など
消化器系	腹痛、下痢、吐き気、嘔吐など
呼吸器系	息が苦しい、ゼーゼー・ヒューヒューなど喘鳴、犬がほえるような咳、のどが締めつけられる感じなど
循環器系	脈が速い・触れにくい・乱れる、手足が冷たい、血圧低下、唇や爪が青白いなど
神経系	元気がない、ぐったりする、尿や便をもらす、意識障害など

アレルゲンになる主な食材

アレルギーの原因物質をアレルゲンといいます。乳幼児の食物アレルギーの原因は、卵、牛乳、小麦が非常に多く、3大アレルゲンと呼ばれています。また、症例数が多く注意が必要な特定原材料7品目（卵、小麦、乳、そば、落花生、かに、えび）は法令で表示が義務づけられています。

物質	注意点
卵	主なアレルゲンは卵黄ではなく卵白です。魚卵で症状を起こすこともあります。
牛乳・ミルク	よく見られるのは、下痢や嘔吐など、消化器系の症状です。加熱をしてもアレルギーの起こりやすさはほとんど変わりません。
小麦	小麦はさまざまな食品に含まれています。パンや麺類だけでなく、カレールウや菓子類、麩などにも注意が必要です。
そば	アナフィラキシーなど重篤な症状を引き起こしやすい食材です。そばのゆで汁や飛散したそば粉もアレルギーを引き起こす危険があります。
落花生（ピーナッツ）	アナフィラキシーなど重篤な症状を引き起こしやすい食材です。おやつやあえ物、カレーなどにも含まれていることがあり、注意が必要です。
かに、えび	乳幼児期は比較的少なく、学童期になるとアレルギー反応を起こす子が増えてきます。
ごま	アナフィラキシーなど重篤な症状を引き起こすことがあります。
大豆	豆腐や豆乳、みそやしょうゆなどの調味料などにも注意しましょう。豆まきで大豆を使用する際は十分な配慮が必要です。
果物・野菜類	キウイフルーツ、バナナ、オレンジ、もも、トマト、くるみ、やまいもなどにアレルギーが出やすいです。
魚介類・肉類	さばやさけのアレルギーが代表的です。魚介類はアレルゲンになるものが多いとされています。肉類は、重篤なアレルギーを引き起こしにくいですが、特定原材料に準ずるものとして定められています。

入園・進級時の対応

アレルギーがある子どもが入園した際、保護者の判断だけでアレルゲンの除去を進めることは危険です。必ず医師の記載が必要な生活管理指導表を提出してもらい、それに従って対応しましょう。なお、アレルギー症状は年齢が上がると変化する場合があります。生活管理指導表の内容は、1年に1回は見直しを行うようにしましょう。

保護者や医療機関と連携をはかる

❶ アレルギーを持つ子どもを把握する。
❷ 生活管理指導表を保護者に配布する。
❸ 生活管理指導表に医師が記入する。
❹ 保護者との面談を行う。
❺ 園の職員と情報を共有する。
❻ 生活管理指導表を1年ごとに見直す。

※生活管理指導表の例は、厚生労働省「保育所におけるアレルギー対応ガイドライン」を参照
http://www.mhlw.go.jp/bunya/kodomo/pdf/hoiku03.pdf

日ごろの注意点

アレルゲン食材の使用を避ける
重症化しやすいそばやピーナッツ、新規に発症しやすいえび、かに、キウイフルーツ、バナナの使用を給食で避けることも予防策のひとつです。小麦粘土の使用を避けるなど、経口摂取以外の危険にも注意しましょう。

チェック体制を強化する
職員同士の連携ミスは事故の原因になります。食事内容を記載した配膳カードを作成する、調理員・栄養士・保育者の間で声出し確認をする、対応などをマニュアル化するなどチェック体制を強化しましょう。

加工食品は原材料をよく確認する
加工食品は必ず原材料をチェックし、きちんと確認できたものだけを使用することを徹底しましょう。製造業者・納品業者に対しても、アレルギー物質に関する詳細な報告を求め、書類として保管しておきます。

完全除去を行う
食物除去に関して園で細かな対応を行うことは、かえって誤食などのミスを誘発することがあります。除去が必要な食物に対しては完全除去を行いましょう。除去を解除する際は、十分な量が食べられることを確認します。

食器やトレーの色を変える
アレルギー対応の子どもの食器やトレーは、配膳ミスを予防するため、名札をつけたり、色を変えましょう。

イベント時には混入に注意する
クッキング保育、お祭り、豆まきなどのイベント時には特に注意を。除去食が混入しないよう、園全体で十分に配慮しましょう。

アレルギー発症への対応

❖ 緊急時の症状とは
複数の臓器に症状が現れ、じんましん、嘔吐、腹痛、ゼーゼーして息苦しいといった症状が出る反応をアナフィラキシーといいます。アナフィラキシーは、嘔吐や激しい腹痛が続く、息がしにくいなど緊急性が高い症状を引き起こすこともあり、なかでも、血圧の低下や意識障害を伴うアナフィラキシーショックは、生命の危険があります。

❖ 5分以内に判断し対応を
アナフィラキシーは、アレルゲン摂取後、比較的すぐに反応が出るため、5分以内に症状を判断し対応することが重要です。アナフィラキシーショックなど重い症状が出た場合は、アドレナリンの自己注射薬である「エピペン®」を注射し（体重15kg以上で、事前に医師から処方されている場合）、すぐに救急車を呼んで医療機関を受診します。

アレルギー発症への対応手順

● アレルゲン食材を食べた、触った！
● アレルギーを発症した！

↓

● 子どものそばから離れず、症状を把握する。
● ほかの職員などの応援を呼ぶ。
● 保護者に連絡をする。

↓ 緊急時

● 処方された薬がある場合は、使用する。症状が回復するまで見守る。
● アナフィラキシーショック時は、エピペン®を注射（処方されている場合）。救急車を呼び、病院を受診する。

障害がある子どもへの対応

障害にはさまざまな種類があり、その程度も子どもによって違います。医療機関などの専門職の指導・指示に従いながら、介助をすることが基本です。ただし、自分で食べる楽しみや自立を促すためにも、本人ができないことだけを手伝うようにしましょう。

食事は、子どもの心の状態や摂食機能、運動機能、障害の特性に応じた配慮をしましょう。一般的に摂食・嚥下機能や消化機能の障害がある子どもの場合、食べ物の量や大きさ、かたさなどを調整する必要があります。子どもの様子をよく観察して、保護者、栄養士と連携した、その子なりの「食の楽しさ」や「意義」を味わえるようにします。

食育活動の際も無理強いや焦りは禁物です。できることを伸ばしながら、食への興味を高めるようにしていきましょう。

食事の介助と食育のポイント

	食事の介助の留意点	食育のポイント
摂食・嚥下障害	誤嚥しやすいので、飲み込む様子や姿勢に注意しましょう。頭を後ろにそらすと、飲み込みにくくなります。介助者が立ったまま座っている子に食べさせると頭を後ろにそらしてしまうので注意しましょう。かたい物、パサつく物、弾力性がある物は誤嚥しやすいので、小さくやわらかくしたり、とろみをつけるようにしましょう。	精神的な疾患や摂食・嚥下障害の治療などにより、食欲が低下している場合は、たくさん食べるよりも、少量でも「楽しく食べること」を優先させましょう。五感（触覚・味覚・視覚・聴覚・嗅覚）を気持ちよく刺激する楽しい経験を重ねることが食欲につながります。
肢体不自由	手が不自由な場合は、その子の状態に合わせて、子どもの食べるペースで、できるだけ子どもが自分で食べるようにします。障害に応じて、食事用の自助具（自分でやりやすい工夫がされている道具）などの活用も検討しましょう。	できる範囲で食育活動に参加するように促しましょう。みんなと一緒に栽培や調理をしたり、食べたりすることで、食事の楽しみが増し、自立心も育まれていきます。
視覚障害	できるだけ自分で食べるようにしましょう。いきなり体に触れるとびっくりするので、声をかけてから手をとり、食器を触らせて位置を教えましょう。熱い物のときもひと声かけて注意を促しましょう。	初めてのことに対して警戒心があることが多いので、わかりやすい言葉に置き換えて具体的に説明し、安心させましょう。食材は実物を触らせたり匂いをかがせたりしながら説明するとイメージがつかみやすくなります。
聴覚障害	動作は問題がなくできるケースがほとんど。食事の楽しい雰囲気を伝えてあげるようにしましょう。よく噛むようにモグモグと一緒に口を動かしながら食べたり、おかずを指して「おいしいね」と笑顔で共感し合いましょう。	イラストや写真などを使って、情報を補うことが大切です。ふだんのコミュニケーションには、身振り、手振りのほかに、記号やイラストを使ったコミュニケーションボードを作成して、指さしで伝え合うのもよいでしょう。
知的障害	偏食・過食・拒食などがみられる場合もあります。無理をせずに、おいしく食べられるようになることが基本です。楽しい雰囲気で食事をすることが「食育」の第一歩です。	複雑な説明は理解が難しい場合があります。実物や写真を見せながら食べ物の名前を伝えたりしましょう。座って食べるなどの基本的なルールは発達段階を見ながら徐々に習慣づけていくようにしましょう。

2章 計画

食育年間計画を立ててみよう！

この章では、食育計画の立て方や留意点、発達に応じた年齢別の年間目標や計画案を紹介しています。
また、行事と食育をつなげるポイントや、保護者・地域と連携するためコツとともに年間計画案を紹介しています。

食育計画の立て方の基本を知ろう

保育の中の食育計画の位置づけ

「食育計画」は、園の全体的な計画の「保育課程」や「教育課程」と具体的な計画の「指導計画」（年案・期案・月案・週案・日案・個人案など）の中に入れます。作成する際には、柔軟で発展的なもの、各年齢で一貫性のあるものにする必要があります。家庭や地域社会の実態をとらえ、現在の子どもの発達や実践の進行状況を把握し、課題を整理することが大切です。また、実践の経過や結果を記録し、評価・改善をして、新たな計画を立てるようにしましょう。

食育計画を作成するメリット

- 「食を営む力」を養うことができる
- 目標や子どもが体験する食育の内容を共有できる
- 食育計画を文字で示すことにより、共通認識が持ちやすくなる
- 保護者に園での実践を説明しやすくなる

食育計画の進め方
※保育所の場合

STEP1 実態の把握
アンケートや聞き取り調査などから、子どもの様子や家庭の現状や課題を把握し、会議で情報交換します。
課題は食育計画の中の「ねらい」に反映させましょう。

STEP2 「保育課程」や「指導計画」を作成
年度ごとに作られる園での全体的な計画（理念・方針・目標・保育内容など）である「保育課程」の中で、施設長・保育者・栄養士など全職員が参加して、食育計画も盛り込むように話し合います。そして、「保育課程」をもとに、クラス運営や個人の「指導計画」を作成し、その中に食育の内容を盛り込みます。

STEP3 「食育計画表」を作成
指導計画のほかに「食育計画表」を作成します。年案・期案・月案など長期の計画は、年度の初めに作成します。短期の週案・日案は、前の月や週の活動や反省を踏まえて作成します（→P.29の表）。食育計画は、発達に応じて、子どもが楽しめる内容を考えましょう。

STEP4 食育の実践
「保育課程」「指導計画」「食育計画表」をもとに、食育を実践していきます。子どもたちの理解度や、発達の様子をよく観察し、計画に無理がある場合は、臨機応変に変更しましょう。また、実践の前に準備や環境も整えましょう。

STEP5 活動を記録する
食育活動の際には、画像や映像、記載などで記録しておき、振り返りや再計画、今後の指導などに役立てるようにしましょう。また、家庭との連携のためにも記録をもとにおたよりで保護者に食育実践の様子を報告します。

STEP6 振り返り（評価）・改善
食育実践のあとに、関わった職員全員で振り返り、評価をすることも大切です。うまくいったところと、改善が必要なところを話し合い、次回までに調整しましょう。そうすることで子どもや園の実態に合った食育の実践につながり、よりよい計画にできます。

食育計画を立てるときに押さえておきたいポイント！

- **目標と実践内容が子どもの発達に合っているか**
  → 目標・ねらいと活動内容が、その時点の子どもの心や体の状態に対して難しすぎたり、簡単すぎたりすると、めざすところまで子どもたちが到達できないことも。

- **子どもの主体性を大切にしているか**
  → 何より大切にしたいのは、子どもの興味を引き出すこと。子どもが自ら「やってみたい」「楽しい」と思えるかを、反応を見ながら考えます。

- **自分の園らしさを出せているか（園の実状と合っているか）**
  → ほかの園の計画を参考にするのはよいですが、自分の園の実態に合わせて計画を練り直すことが必要です。

- **計画通りに実行することに固執していないか**
  → 食育計画は、実践してみると効果や反応が想定通りにいかないことも。子どもの様子を見ながら、臨機応変に計画を変更して対応するのも成功のポイントです。

食育計画表に記入する主な項目

主な項目	記入内容
期間	年間計画…1年を3、4期、または12か月に分けて作成します（各学年で作成） 週間計画…1か月を4週に分けて作成します（各クラスで作成） 1日の計画…基本的に午前中を時間軸に分けて作成します（各クラスで作成）
年間目標	「保育過程」や「教育課程」、発達の様子を踏まえて、1年間を通して基本になる目標を記入します
目標・ねらい	子どもたちに身につけてほしい目標や態度・心情などを記入します
活動内容	目標やねらいを実現させるための食育活動の内容を具体的に記入します。いくつかの項目に分けて考えてもよいでしょう **活動の内容例** ● 知識・マナー（栄養、食べ物の成り立ち、食事の正しい姿勢、食事のルール、健康、衛生など） ● 栽培（野菜・いも・米などの栽培・収穫、いも掘りなど） ● クッキング（給食室の手伝い、クッキング、もちつきなど） ● 行事（季節の行事、遠足、誕生会、レストラン給食など） ● 遊び（製作遊び、ごっこ遊び、食材当てゲームなど） ● 環境（読み聞かせ、食材掲示、ポスター、食器など）
環境構成	食育活動を行う際の環境整備や準備する物、役割分担などを記入します
保育のポイント	食育活動の際の留意点や保育者が行う内容を記入します
発達の様子	年齢や月齢に伴う子どもの発達の目安を記入します
家庭との連携	家庭と一緒に子どもを育てていくにあたり、必要事項の伝達や、育児サポート（おたより、情報掲示、講習会など）の内容などを記入します
振り返り	食育活動の最後に、計画が適切だったか、実践が行えたかなどを振り返り、記入します。次回に改善したいことなども記入しておくとよいでしょう

（→年間計画例は P.30 ～、週間計画例は P.58 ～、1日の計画例は P.59 ～参照）

食べることへの意欲を育てましょう！
0歳児の年間食育計画

年間目標

- 母乳・ミルクから徐々に離乳食に移行する
- 空腹になってから母乳・ミルクを飲んだり離乳食を食べるというリズムを整える
- いろいろな食べ物を見て、触って、味わう
- 「食べたい」という意欲を持つ

0歳代は、母乳・ミルクだけの時期を経て食べ物から栄養を摂るようになる大事な時期です。月齢に応じた食べさせ方（食べるときの子どもの姿勢・言葉かけなど）や調理形態（大きさやかたさなど）に配慮し、徐々に食べることに慣らしていきましょう。口の動きや手指の運動機能、歯の生え方には個人差があります。子どもひとりひとりの育ちに合わせた援助や介助により、子どもの食べる意欲を引き出しましょう。

年間食育計画を作成する際のポイント

- 子どもひとりひとりの発達に合わせて、4期（P.31表参照）に分けて計画を立てる。
- ねらいを達成させることだけを目的とせず、「食べたい」という意欲を引き出す雰囲気作りを大切に。
- 歯の生え具合や運動機能の発達に合わせて、子どもが自分で口を動かせるような食べさせ方や調理形態にする。

家庭との連携をはかる年間計画

0歳児は、園と家庭での生活に連続性が保てるように、家庭での食事や健康の様子について毎日連絡帳に記入してもらい、園での様子も記入して知らせましょう。園での食育への取り組みや離乳食の進め方を伝え、子どもの発達の様子を共有できるように努めましょう。

毎日	連絡帳のやりとり
毎月	献立表、食育だよりの発行、離乳食相談会
4月	離乳食の実態調査
6月・11月	講習会（離乳食献立、幼児食への移行など）

食事環境の整備例

- 保育室や食器など、こまめに洗ったり消毒して、清潔を保つ
- 体の大きさに合う机やいすを用意する
- 使いやすい哺乳瓶・乳首・皿・スプーン・コップを用意する
- 室温調整や水分補給への配慮

※年間を通じて行う

0歳児の年間食育計画

年間目標 食べ物への関心と「食べたい」という意欲を持つ

期間	1期（5か月未満）	2期（5、6か月）	3期（7、8か月）	4期（9〜11か月）
ねらい	●家庭と連携をとりながら、授乳のリズムを整える ●離乳食を始めるタイミングをうかがう	●離乳食を始める ●飲み込む機能を獲得する	●舌と上あごでつぶす機能を獲得する ●食べることに喜びを感じる	●奥の歯ぐきですりつぶす機能を獲得する ●食べる意欲を持つ ●手づかみで食べる ●介助されつつコップで飲む
活動内容	●個々の欲求に合わせて授乳を行う ●語りかけたり、だっこをするなど、スキンシップをとって、機嫌よく過ごせるようにする	●抱っこして、「おいしいね」などと話しかけながら、離乳食を一口ずつスプーンであげる ●離乳食は栄養士と連絡をとりながら進めていく	●腰がすわっている子には、離乳食はテーブル付きのいすに座らせて与える ●「よく噛んで食べようね」「モグモグしようね」などと話しかけ、口でモグモグするまねをしながら、離乳食をあげる ●徐々にいろいろな味や食材を増やしていく	●離乳食はテーブル付きのいすに座らせて与える ●「よく噛んで食べようね」「モグモグしようね」などと話しかけ、口でモグモグするまねをしながら、離乳食をあげる ●徐々に歯ぐきでつぶせる離乳食に換えていく ●徐々にいろいろな味や食材を増やしていく ●手づかみで食べられる大きさの食材を準備し、自分で食べるように促す
日常の環境	●落ち着いた雰囲気で授乳できる環境にする ●体温調節が未熟なので、室温や湿度調整など快適に過ごせるようにする	●離乳食を食べる前には手を拭く ●離乳食を食べるときには、「いただきます」「ごちそうさま」のあいさつをする ●離乳食を食べた後には口や手を拭く ●普段の生活の中でも何でも口に入れようとするので、誤飲に気をつける ●離乳食時には保育者が一人ずつ対応できるようにする		
口腔の発達 （歯の発達は個人差が激しく、1歳で1本生えていれば正常値）	●口が開いた状態でお乳を自然落下させるように飲み込む	●下の歯が2本生える ●取り込んだ食べ物を口を閉じて飲み込む	●上の歯が2本生える ●舌で押しつぶしながら食べることができる	●上下4本生える ●上下の歯ぐきで咀しゃくができる
発達の様子	●身近な人の顔を認識する ●手を口に運び感触を確かめる ●音に反応する ●3か月ごろに首がすわり始める ●喃語を話し始める	●授乳や睡眠のリズムが整い始める ●寝返りをうつようになる ●腰がすわってくる	●生活リズムが整ってくる ●お座りが安定する ●腹ばいからずりばい、ハイハイをするようになる	●行動範囲が広がる ●つかまり立ちをするようになる ●何でも口に入れたがる

2章 計画　年間を通じた食育計画　▼　0歳児の年間食育計画

31

自分で食べる意欲を引き出しましょう！
1歳児の年間食育計画

年間目標

- 幼児食に移行し、さらに多くの食感や味覚を味わう
- 手づかみ食べから食具食べに移行する
- 「自分で食べたい」という意欲を持つ
- 生活や食事のリズムを整える

手づかみ食べからスプーンやフォークを使って自分で食べるように促しましょう。ただし、1歳半ごろまでは無理に食具を使わせようとせず、手づかみ食べ主体で進めます。子どもの手指の機能の発達に合わせて食具を使うよう言葉かけや介助をすることで、スムーズに食具食べに移行できるようにします。また、朝・昼・夕の3回の食事と10時・15時の間食のリズムを確立する時期です。保護者と連携を密にし、生活リズム全体を整えましょう。

年間食育計画を作成する際のポイント

- 離乳の完了期にあたるので、子どもひとりひとりの発達に合わせ、4期（P.33表参照）に分けて計画を立てる。
- 手づかみ食べを十分にさせ、目と手と口の協応動作の発達と、自分で食べたいという意欲を育てる。
- 朝昼夕の3食を中心に、おやつで補いながら、生活リズムを確立させる。

家庭との連携をはかる年間計画

1歳児は離乳食から幼児食への移行期です。「自分で食べる」ための手指の運動能力も発達する時期なので、引き続き家庭との連絡帳のやりとりで、子どもの発達や日々の食事の様子を共有しましょう。

毎日	連絡帳のやりとり
毎月	献立表、食育だよりの発行、離乳食相談会
4月	離乳食の実態調査
6月・11月	講習会（離乳食献立、幼児食への移行など）

食事環境の整備例

- 保育室や食器など、こまめに洗ったり消毒して、清潔を保つ
- 手づかみ食べしやすい大きさ、調理を取り入れる
- 子どもがスプーンですくいやすいよう、立ち上がりのある皿を使う
- 両足が床につくいすに座らせる

※年間を通じて行う

1歳児の年間食育計画

年間目標 さまざまな食感や味に触れ、食べる意欲と食生活のリズムを整える

期間	1期（1歳～1歳3か月）	2期（1歳4か月～1歳6か月）	3期（1歳7か月～1歳9か月）	4期（1歳10か月～2歳未満）
ねらい	●奥歯で噛みつぶす機能を獲得する ●スプーンを持ったり、手づかみで食べたりする	●よく噛んで食べる ●スプーンで食べ物を口に入れることも増やす ●コップで飲める ●遊び食べにならないようにする	●皿を支えて食べる ●スプーンやフォークを使って食べる ●食材の名前など通じて興味を深める	●こぼしながらも、スプーンやフォークを使ってひとりで食べる ●行事食などを通して食材への興味を深める
活動内容	●手づかみやスプーンで自分で食べたり、介助してもらって食べる ●1回で口に含む量を調節して、噛んでから飲み込めるようにする	●手づかみやスプーンで自分で食べたり、介助してもらって食べる ●自分で食べたときにはほめて、自信につなげる	●皿を支えて食べることを伝える ●食材の名前を伝えながら、食事への興味を持たせる ●食わず嫌いの子には保育者がおいしそうに食べる姿を見せて、一緒に食べるように促す	●自分で食べる気持ちを大切にし、ゆっくりと見守る ●行事食を味わいながら、興味を持たせる ●苦手な物を食べられたときには「○○ちゃん、よく食べられたね」などと話し、同じテーブルの子どもたちと喜ぶ
行事	●こどもの日　●親子遠足 ●歯の衛生週間　●保育参観 ●七夕　●盆踊り大会 ●運動会　●生活発表会 ●クリスマス会　●ひな祭り　など			
日常の環境	●食べるときには、「いただきます」「ごちそうさま」のあいさつをする ●食べる前には手を拭く。1歳後半ごろから、自分で手洗いをするように促す ●食べた後には口と手を拭く ●普段の生活の中でも何でも口に入れようとするので、誤飲に気をつける ●食事時には保育者が対応できるように少人数で食べる ●スプーンやフォーク、手づかみでも食べられるような物を用意する ●楽しい雰囲気の中で食べられるようにする			
発達の様子	●遊び食べをする ●むら食べをする ●歩き始める子が増える ●スプーンやフォークなどの食具を使いたがる　など		●食べ物の好き嫌いが出てくる ●言葉への理解が深まる ●発する言葉が増えてくる ●スプーンやフォークなどの食具を使って食べることに慣れてくる ●食後に片づけをしようとする　など	

食べ方の基本を教えましょう！
2歳児の年間食育計画

年間目標

- 👑 スプーンやフォークを使って食べる
- 👑 自分で食べる意欲を持つ
- 👑 しっかりと噛んで食べる
- 👑 食事を五感で味わう
- 👑 食事のあいさつやマナーを身につける

動きが活発になり自己主張も激しくなるため、遊び食べや食べむら、好き嫌いなどが目立ってきます。指導が難しい時期ですが、年齢と共に落ち着いてくるので過度に干渉せずに見守りましょう。だらだら食べさせないよう、食事は30分を目安に切り上げます。スプーンやフォークの使い方も強制はせず、一緒に食べながら徐々に使えるようにします。2歳児後半からは言葉の理解が進むので、食事のあいさつやマナーも教えていきましょう。

年間食育計画を作成する際のポイント

- 食事に集中できるように、食事と遊びの場所を別にするなど、時間や気持ちの区切りをつけやすい環境に配慮する。
- 「自分で」食べようとする意欲を育むよう、使いやすい食具や食器、メニューを取り入れる。
- 自己主張が強くなり、反抗期に重なるので、できることをほめながら、楽しく食べられるようにする。

🏠 家庭との連携をはかる年間計画

子どもの食事の様子や相談については、送迎の際や連絡帳などを通じて、保護者と連携をはかることが大切です。保育行事に参加してもらいながら、家庭での協力も仰ぎましょう。

毎月	献立表、食育だよりの発行
隔月	食事相談会
4月・10月	食事やアレルギーの実態調査
6月・11月	食育・献立などの講習会

☕ 食事環境の整備例

- テーブルクロスを敷く
- 心地よい音楽を流す
- 使いやすい食具・食器を用意する
- 食事と遊びの場所を別にする
- 食べ物関連の絵本を用意する
- おもちゃコーナーに野菜や果物のおもちゃを置く
- 食事の配膳は保育者が行う

※年間を通じて行う

2歳児の年間食育計画

年間目標 基本的な食べ方を身につけ、よく噛んで食べる

	期間	1期（4〜5月）	2期（6〜9月）	3期（10〜12月）	4期（1〜3月）
	ねらい	●基本的な食生活習慣を身につける ●みんなと楽しく食事をする	●年上のクラスの栽培を見学して野菜に興味を持つ ●食材の名前に興味を持つ ●五感を使ってさまざまな食材を味わう ●よく噛んで食べられるようになる	●さつまいも掘りを通して、収穫の喜びを知る ●食事のルールを理解する	●行事食に興味を持つ
活動内容	知識・マナー	●手洗い・あいさつなど、食事のルールを知る ●異年齢との食事会を行う	●むし歯予防、丈夫な歯をつくる話を聞く ●さまざまな食感、味、匂いなどを体感する	●スプーンの鉛筆持ちを練習する ●食事の手伝い方法を学ぶ ●いも判など野菜の輪切りのはんこ遊びを行う（収穫したさつまいもを使用）	●行事食の話を聞き、味わうことで興味を持つ ●食べ方の基本をおさらいする（できているか子どもたちで確かめ合う）
	栽培	●夏野菜栽培の見学	●夏野菜の生長を見る	●さつまいも収穫	
	クッキング		●サラダ作り（他学年が収穫した野菜を使用）		●ふりかけおにぎり作り
	行事	●調理室見学 ●こどもの日 ●親子遠足 ●お店やさんごっこの日	●歯の衛生週間 ●保育参観 ●七夕 ●盆踊り大会	●遠足 ●運動会 ●いも掘り ●生活発表会 ●クリスマス会	●七草がゆ ●節分の豆まき ●ひな祭り
日常の活動		●食前に手洗い、食後にうがいを行う ●食具や食器をを並べる ●元気に食事のあいさつをする ●よく噛んで食べる ●おかわりは保育者によそってもらう ●一定時間内に食べるようにする（目標：30分）			
発達の様子		●自己主張が強くなる ●食器を持ったり支えたりできる ●スプーンで上手に食べるようになる ●自分で何でもやりたがる ●言葉への理解が高まる ●おしゃべりが上手になってくる ●赤ちゃん返りする子もいる ●人のまねをしたがる ●友だちと一緒に過ごせるようになる ●ルールを認識し始める			

食べ物への興味を深めましょう！
3歳児の年間食育計画

🚩 年間目標

- 👑 **食事のマナーを身につける**
- 👑 **スプーンやフォークでこぼさず食べる**
- 👑 **はしを使う練習を始める**
- 👑 **食べ物に興味を持ち、名前を覚える**
- 👑 **集団で食べることの楽しさを感じる**

左右の手を上手に連携させて使えるようになります。声かけなどにより、食具を使ってひとりでこぼさず食べられるよう促しましょう。はしは、ほかの子の模倣をしながら正しく持てるようになるので、持ち方を強制せず見守りましょう。3歳児は、身近な物への興味や関心が高まり、友だち遊びも本格化する時期です。食べ物の名前を教える、友だちと一緒に手伝いや食事作りに参加させるなどして、食べる楽しさを実感させましょう。

年間食育計画を作成する際のポイント

- 3歳児は、心身の発達がめざましい時期です。生活習慣が安定してきますが、まだ未熟なところもありますので、無理のない食育計画を立てましょう。
- まだ月齢の差が見られますので、目標や活動の足並みが揃わなくても焦らずに。
- ひとりひとりの成長具合をよく把握し、個別の食育活動を尊重しながら、友だちと関わり合える活動や、食への好奇心を満たしてあげる活動を取り入れていきましょう。

🏠 家庭との連携をはかる年間計画

3歳児は食べ物の好みがはっきりしてきて、食への興味も高まる時期ですので、日頃の食事の様子を保護者に伝えたり、家庭での様子を伺ったりしながら、連携をはかっていきましょう。

毎月	献立表、食育だよりの発行
隔月	食事相談会
4月・10月	食事やアレルギーの実態調査
4月・3月	食育アンケート調査
10月	親子クッキング
3か月に一度	食育・献立などの講習会

☕ 食事環境の整備例

- テーブルにクロスを敷いたり花を飾る
- 食器の位置、正しい姿勢、手の洗い方などをポスター掲示する
- 食べ物関連の絵本を用意する
- スプーンでボールをすくうおもちゃを用意する

※年間を通じて行う

3歳児の年間食育計画

年間目標 さまざまな物を味わいながら、楽しく食べる

期間		1期（4～5月）	2期（6～9月）	3期（10～12月）	4期（1～3月）
ねらい		●基本的な食生活習慣を身につける ●みんなと楽しく食事をする	●栽培を通して育てる喜びを味わう ●食材の名前を知る ●五感を使ってさまざまな食材を味わう ●よく噛んで食べる	●食事のマナーを守る ●はしの持ち方を知り、使う ●いも掘りなどを通じて秋が旬の食材に触れる	●行事食に興味を持つ ●食べ物と自分の体の関係を知る
活動内容	知識・マナー	●手洗い、あいさつなど食事のルールを確認する ●手洗い方法を学ぶ ●異年齢との食事会を行う	●むし歯予防、丈夫な歯をつくる話を聞く ●絵本や名前当てゲームなどを通して、さまざまな食べ物に親しむ ●さまざまな食感、味、匂いなどに触れる	●クイズやポスターなどで食事のマナーを確認しながら学ぶ ●はしを使う練習を始める ●茶碗の持ち方を学ぶ ●製作遊び（粘土で食材の形を作る）をする	●行事食について話を聞いたり、食べて楽しむ ●食べ物が自分の体で役立っていることをイラストやお話で知る
	栽培	●夏野菜栽培	●夏野菜収穫 ●さつまいも栽培	●さつまいも収穫	
	クッキング	●ラップおにぎり作り	●とうもろこしの皮むき ●パンケーキ作り	●スイートポテト作り（収穫したいもを使用） ●もちつき（見学、試食）	
	行事	●調理室見学 ●こどもの日 ●親子遠足 ●お店やさんごっこの日 ※年間を通して、随時レストラン給食を開催する	●歯の衛生週間 ●保育参観 ●七夕 ●盆踊り大会 ●お泊り保育	●バイキング給食 ●遠足 ●運動会 ●いも掘り ●もちつき ●生活発表会 ●クリスマス会	●七草がゆ ●鏡開き ●節分の豆まき ●ひな祭り ●お別れ会（リクエスト給食）
日常の活動		●食前に手洗い、食後にうがいを行う ●食事の配膳は協力して行う ●元気に食事のあいさつをする ●よく噛んで食べる ●なるべく残さないように食べる ●一定時間内に食べるようにする（目標：30分）			
発達の様子		●茶碗を持って食べるようになる ●はしに興味を持ち、使おうとする ●語彙が増え、自己主張が出てくる ●知的好奇心が高まる ●ルールやマナーを認識し始める			

友だちと食べる楽しさを感じさせましょう！
4歳児の年間食育計画

年間目標

- 👑 **友だちと楽しく会話をしながら食事をする**
- 👑 **食事のマナーを守り気持ちよく食事をする**
- 👑 **はし使いが上手になる**
- 👑 **苦手な食べ物にも挑戦する（バランスよく食べる）**
- 👑 **自分が食べられる分量を把握して選べる**

子ども同士のかかわりが深まり、相手の気持ちが理解できるようになります。会話をしながらなごやかに食べることで、友だちと食べる楽しさを感じさせましょう。ただし、おしゃべりに夢中になって気が散る場面も増えるので、適切な声かけや、食事に集中できる環境作りも必要です。また、自分がほかの人からどう見られているかを意識し始めるので、友だちに刺激を受けて苦手な物が食べられたり、食事のマナーを守ろうとすることもあります。

年間食育計画を作成する際のポイント

- 4歳児は、自我が確立され、他人の存在を意識しながら活動し始める時期です。友だちとの食事を楽しめるような雰囲気作りをしましょう。
- 共同作業を取り入れて、一緒に行う喜びや人を思いやる気持ちを育てていきましょう。
- 自分への評価も気になりますので、集団活動の中でも個々の気持ちを受け止めることが大切です。
- 自分たちでルールを作ったり、役割分担をするなど、責任感を持たせる活動も取り入れましょう。

家庭との連携をはかる年間計画

4歳児は、人との関わりが深まる時期ですので、家族とも楽しく話しながら食事ができるような話題を提供しましょう。園での食育の取り組みを伝えるとともに、食に関する悩み相談にのれる機会も設けてみましょう。

毎月	献立表、食育だよりの発行
隔月	食事相談会
4月・10月	食事やアレルギーの実態調査
4月・3月	食育アンケート調査
10月	親子クッキング
3か月に一度	食育・献立などの講習会

食事環境の整備例

- 旬の食材を展示する
- 使いやすいはしを用意する
- うがいやよく噛むことを促すポスターや、食事の正しい姿勢の見本などのポスターを掲示する
- 野菜関連の絵本や図鑑を用意する
- ままごと遊びのコーナーを設置する

※年間を通じて行う

4歳児の年間食育計画

年間目標 苦手な食べ物を徐々に克服しながら、楽しく食べる

期間		1期（4〜5月）	2期（6〜9月）	3期（10〜12月）	4期（1〜3月）
ねらい		●基本的な食生活習慣を身につける ●みんなと楽しく食事をする ●三角食べ（P.61）を身につける ●食べ物の成り立ちを知る	●栽培を通して育てる苦労や喜びを知る ●食材や料理の名前を知る ●五感を使ってさまざまな食材を味わう ●歯と健康について知る	●バランスよく食べることの大切さを知る ●食事のマナーを守る	●行事や季節の食事に興味を持つ ●体のしくみと食事の関係に興味を深める
活動内容	知識・マナー	●食事のルールを確認する ●三角食べのやり方の説明を聞き、やってみる ●異年齢との食事会を行う	●むし歯予防、丈夫な歯をつくる話を聞く ●食中毒予防、手洗い方法を学ぶ ●食材を旬の季節ごとに分類し、旬について学ぶ（P.170） ●食感、味、匂いなどを表現する	●三色食品群の分類方法を学ぶ ●食事のマナーを確認しながら学ぶ ●はしを使う練習をする ●食事の準備や片づけを手伝う ●食に関する製作遊び（魚釣りや食材の切り絵など）をする	●行事食に親しむ ●「リクエスト給食」のテーブルの飾りつけ ●それぞれの食べ物の体への働きをポスターやお話で見聞きする
活動内容	栽培	●夏野菜栽培	●夏野菜収穫 ●さつまいも栽培	●さつまいも収穫	
活動内容	クッキング		●ピザトースト作り（収穫した野菜を使用）	●もちつき（もちをちぎり丸める）	●クッキー作り（お別れ会のおやつに提供）
活動内容	行事	●調理室見学 ●こどもの日 ●親子遠足 ●お店やさんごっこの日 ※年間を通して、随時レストラン給食を開催する	●歯の衛生週間 ●保育参観 ●七夕 ●盆踊り大会 ●お泊り保育	●バイキング給食 ●遠足 ●運動会 ●いも掘り ●もちつき ●生活発表会 ●クリスマス会	●七草がゆ ●鏡開き ●節分の豆まき ●ひな祭り ●お別れ会 （リクエスト給食）
日常の活動		●食前に手洗い、食後にうがいを行う ●食事の配膳は協力して行う ●元気に食事のあいさつをする		●よく噛んで食べる ●残さず食べる ●一定時間内に食べるようにする（目標：30分）	
発達の様子		●はしを使って食べるようになる ●身の回りのことが自分でできるようになってくる ●手や指の動きに柔軟性が増す ●体のバランスをとる力が発達する ●語彙が増え、表現が豊かになる ●自我が確立され、他人を気づかう気持ちが芽生える ●空想力や好奇心が増す ●ルールやマナーを守ろうとする			

食事の大切さやマナーを理解させましょう！
5歳児の年間食育計画

年間目標

- 👑 配膳や調理体験から、友だちと協力することの喜びや達成感を味わう
- 👑 はしを使って食べることに慣れる
- 👑 マナーを理解し、友だちと楽しく食べる
- 👑 食事の大切さがわかり、3食きちんと食べる

基本的な生活習慣が確立されます。手指はより細かい動きができるようになり、食事はほとんど大人の援助を必要としなくなります。また、思考力や判断力、協調性なども大きく成長します。そこでこの時期は、食に対しての「自立性」を育てることがポイント。配膳や調理体験により、食事の大切さを理解して3食をきちんと食べる、教えられなくても自分から食事のマナーを守るなど、社会の一員として必要な振る舞いを身につけさせましょう。

年間食育計画を作成する際のポイント

- 5歳児になると、食事と体の成長・健康との関係がよく理解できるようになります。栄養の話や食材の分類などをして食欲が増すように促しましょう。
- 栽培や調理体験を通して、命の尊さや感謝の心を育てていきましょう。
- 自尊心も芽生える時期ですので、食事中の努力をほめたり、責任感を持たせることで自信にもつながります。

🏠 家庭との連携をはかる年間計画

食べる量が増えてくる5歳児にとって、食事から摂る栄養が重要になります。園でも家庭でも、様々な体験を通して食の大切さを伝えるように協力を仰ぎましょう。

毎月	献立表、食育だよりの発行
隔月	食事相談会
4月・10月	食事やアレルギーの実態調査
4月・3月	食育アンケート調査
10月	親子クッキング
3か月に一度	食育・献立などの講習会

☕ 食事環境の整備例

- はしの持ち方の見本、配膳方法、旬の食材分類表、三色食品群分類表などをポスター掲示する
- 栽培の絵本や図鑑を用意する
- 配膳の手伝い当番を決め、掲示する
- はしを持つ練習を行うための道具を用意する

※年間を通じて行う

5歳児の年間食育計画

年間目標 食事のバランスやマナーの大切さがわかる

期間	1期（4～5月）	2期（6～9月）	3期（10～12月）	4期（1～3月）
ねらい	●基本的な食生活習慣を身につける ●みんなと楽しく食事をする ●三角食べをしっかりできるようになる ●食べ物の成り立ちを知る	●栽培を通して育てる苦労や喜び、命の尊さを知る ●食材や料理の名前、調理方法を知る ●五感を使ってさまざまな食材を味わう ●食と健康の関連性がわかる	●自分が1日や1回に食べる栄養や適量を知る ●食事のバランスの大切さを知る ●食事のマナーを守る	●行事や季節の食事に興味を持つ ●園での食生活を振り返り、作り手に感謝する ●体のしくみと食事の関係に興味を深める
活動内容／知識・マナー	●食事のルールを確認する ●三角食べができているか確認する ●異年齢との食事会を行う	●むし歯予防、丈夫な歯をつくる話を聞く ●食中毒予防、手洗い方法を学ぶ ●旬の食材の分類方法を学ぶ ●食感、味、匂いなどを表現する ●異世代交流をはかる	●三色食品群の分類方法やそれぞれの1日にとるべき目安量を学ぶ ●食事のマナーを確認しながら学ぶ ●はしを使う練習をする ●食事や調理を手伝う ●食に関する製作遊びをする	●行事食や郷土食かるたの製作 ●リクエスト給食のメニューを考案する ●体をつくる食べ物について聞く ●1年の食生活を振り返る ●小学校給食の献立や時間を知る
活動内容／栽培	●夏野菜（きゅうり）栽培 ●田植え	●夏野菜（きゅうり）収穫 ●稲刈り ●さつまいも栽培	●さつまいも収穫	
活動内容／クッキング	●野菜の皮むき、切り方の練習 （給食室のお手伝い）	●お泊り保育の夕食作り （カレーライスやサラダ）	●豚汁作り （収穫したいもを使用） ●もちつき （もちをちぎり丸める）	●太巻き寿司作り （収穫した米を使用）
活動内容／行事	●調理室見学 ●こどもの日 ●親子遠足 ●お店やさんごっこの日 ※年間を通して、随時レストラン給食を開催する	●歯の衛生週間 ●保育参観 ●七夕 ●盆踊り大会 ●お泊り保育 ●地域交流会	●バイキング給食 ●遠足 ●運動会 ●いも掘り ●もちつき ●生活発表会 ●クリスマス会	●七草がゆ ●鏡開き ●かるた大会 ●節分の豆まき ●ひな祭り ●お別れ会 （リクエスト給食）
日常の活動	●食前に手洗い、食後にうがいを行う ●給食当番の流れを理解し、当番の仕事を行う ●食事の配膳は協力して行う ●元気に食事のあいさつをする ●よく噛んで食べる ●おかわりは自分でよそう ●残さず食べる ●一定時間内に食べるようにする（目標：30分）			●1、2歳児の食事を手伝う
発達の様子	●手や指の動きに柔軟性が増し、知的で繊細な作業ができるようになる ●人と協力して作業ができ、自分の役割がわかる ●はしで上手に食べるようになる		●大皿から1人分を盛りつけられる ●自分の適量がわかるようになる ●語彙が増え、表現が豊かになる ●ルールやマナーを守ることができる	

2章 計画　年間を通じた食育計画　▼　5歳児の年間食育計画

行事と連携する年間の食育計画

誕生日会、お別れ会などのイベントも食育のよい機会です。季節の行事やお祝いの日に食べる「行事食」や行事にまつわる食文化や郷土食を子どもたちに伝えていきましょう。家庭では体験が難しいことを食育として取り入れるのも、園の大切な役割のひとつです。

食育に関連する年間行事

年間の園の行事に合わせて、食育についても継続的に取り組めるように年間の計画を立てておきます。

4月	入園式 ／ 花祭り
5月	こどもの日 ／ 遠足
6月	歯の衛生週間 ／ 保育参観（親子クッキング）
7月	七夕 ／ 盆踊り大会
8月	お盆 ／ お泊り会
9月	避難訓練 ／ 地域交流会 ／ 十五夜（月見）
10月	運動会 ／ いも掘り、収穫祭 ／ ハロウィン
11月	七五三
12月	もちつき ／ 冬至 ／ クリスマス会
1月	お正月 ／ 七草がゆ ／ 鏡開き
2月	節分 ／ バレンタインデー
3月	ひな祭り ／ お別れ会（リクエスト給食）

※上記は例です。園の状況に合わせて実践してください。

こどもの日（5月5日）

「端午の節句」ともいわれる、子どもの健やかな成長を願う行事です。子孫繁栄の縁起物とされるかしわもちや、厄災を避ける意味を持つちまきなどを食べることを通して、食に込められた願いを実感できるようにします。

遠足（5、6月）

新年度の生活に慣れてきたころに、遠足を実施しましょう。遠足に行く際は、家庭でお弁当を用意してもらいましょう。空のお弁当箱を持参して、給食を詰めて出かける方法もあります（家庭での手間が省けることや、子どもが自分で詰めることの楽しさや食べ物への興味が高まります）。

七夕（7月7日）

願いごとを短冊に書いたり、織姫と彦星のお話を聞かせたりと、子どもたちが関心を持ちやすい行事です。この日には平安時代からそうめんを食べる習わしがあることなどを話します。園で育てた夏野菜を添えて、食の旬を感じる体験をするのもよいでしょう。

お盆（7月・8月）

亡くなった祖先の霊が家族の元に帰るとされ、祖先が乗る馬と牛をきゅうりとなすで作ります。先祖や家族に対する感謝の気持ちを育みましょう。

十五夜 －中秋の名月－（9月）

月を見て収穫を感謝する行事で、お月見とも呼ばれます。稲穂に見立てたすすきや月に見立てただんご、収穫された農作物、果物などをお供えします。月見だんごは子どもと作ってもよいでしょう。

いも掘り、収穫祭（10月）

さつまいもやじゃがいもなど、秋に採れる野菜を子どもたち自身で収穫したり、調理体験をし、育てた物と食の関連を実感できる機会です。収穫した野菜は、給食やおやつで提供するほか、家庭に持って帰ってもよいです。園で人気のある、その野菜を使ったレシピを添えて、家庭でも食卓で話題にしてもらうように工夫します。

ハロウィン（10月31日）

秋の収穫を感謝するキリスト教の行事です。仮装してお菓子をもらうイベントとして楽しんだり、かぼちゃを使った料理に親しんだりするとよいでしょう。

冬至（12月21日ごろ）

1年で昼の時間が最も短い日です。病気にならないように、栄養価の高いかぼちゃを食べ、ゆず湯に入る習慣があることを伝え、食と健康に興味を持たせます。

クリスマス（12月25日）

イエス・キリストの誕生を祝う行事です。七面鳥、ケーキなどを食べる風習が各国にあることを伝えます。サンタクロースやツリーなど子どもたちは楽しみにしているので、洋風の献立や食卓の飾りつけで、食も楽しみながら盛り上げましょう。

節分（2月3日）

本来は「季節を分ける日」を意味します。立春の前日にあたる春の節分は、豆まきをしたり恵方巻きを食べる習慣があると伝えます。いわしや大豆など、関連する食べ物の栄養について考えるきっかけとしたり、豆まき体験から悪いもの（邪気・おに）を払うことと食のつながりについて感じられるようにしましょう。

正月関連（12、1月）

新しい年を迎え、祝うための準備や習わしなど、様々な伝統的な行事を子ども自身が身近なものとして体験できる時期です。そうした体験と食は、密接に関係しています。住んでいる地域ならではの食文化を知るよいチャンスです。

もちつき
もちつきを体験したり、つきたてのおもちをちぎって丸めて、しょうゆやきな粉など様々な味で楽しみましょう。

年越しそば（12月31日）
そばは切れやすいことから、1年の厄災を断ち切って新年を迎えるという意味や長生きを願って、大晦日に食べるなどの由来を伝えます。

おせち料理（1月）
おせち料理にはそれぞれ願いが込められています。地域でよく食べられているものを中心にいわれについて学んでみましょう。

雑煮
具や味つけは地域や家庭によって違いがあります。どんな違いがあるかを知る機会を作ってもよいでしょう。

七草がゆ（1月7日）
せり・なずな・ごぎょう・はこべら・ほとけのざ・すずな・すずしろの7つの野草、春の七草が入ったおかゆを食べる風習。病気にならないといわれていることを伝え、健康と食は昔から考えられていたことなどを体感させます。

鏡開き（1月11日）
お正月にお供えをしていた鏡もちを割って食べます。1年の健康を願う習わしを体験します。

ひな祭り（3月3日）

女の子の健やかな成長を願う行事です。おひな様を飾り、桃の花や菱もち、あられなどをお供えします。縁起のよい食べ物として、はまぐりのお吸い物やちらし寿司を食べる習慣があることを伝えます。

そのほかのイベント

誕生日会

その月に誕生日を迎える子を祝う会です。自分や友だちの成長を喜び、祝うことで、命の大切さや人を思いやる気持ちを学びます。給食やおやつで誕生日らしいメニューを提供し、人と一緒に食を楽しむ体験を積んでいきましょう。

お弁当の日

いつもの給食ではなく、家庭からお弁当を持参し、みんなで楽しむ日を設けます。大好きな家族が作ってくれたお弁当は、子どもにとってはなによりのごちそう。お弁当を食べながら、家族を思い、作ってくれたことに感謝する気持ちを育てましょう。

バイキング給食（→ P.71）

自分が食べる分を、自らよそって食べるバイキング給食は、多くの園で子どもたちに人気のあるイベントです。自分で選んだり量を決めたりすることで、栄養のバランスを考えたり、食事を残さず食べる意識が生まれます。何度か行うことで、自分にとっての適量がわかるようになり、配膳もスムーズにできるようになります。

レストラン給食（→ P.82）

「レストランごっこ」の延長を実際の食事（給食）で行ってみましょう。いつもの昼食と違って屋外で行うなどもよいです。遊びの中で食事の準備やマナーなどを学べます。調理・接客・配膳・片づけ等、子どもたち自身ができる役割を決めて行うイベントにすると、準備段階も含めて、普段の給食の当番とは違った様々な体験ができます。

クッキング保育（→ P.88、160）

クッキング保育では、素材本来の形を見たり触れたりする体験や、子ども自身が調理して完成させることで得られる達成感、普段料理をしてくれる人への感謝の気持ちなどを育むことができます。衛生面、けがの配慮などを十分に行うことが大切です。

お買い物ごっこの日

お金や品物を製作し、お店の人とお客さんの役を決めて、交代しながら遊びます。子どもたちがお店を作り、好きな商品を売り買いすることで、人とのコミュニケーション、数字や量の体験などを楽しめます。クッキング保育で作ったクッキーや市販のお菓子など、食に関する商品を並べると、食への関心も深まります。

お別れ会・リクエスト給食（→ P.81）

年度の終わりごろ、これまで食べてきた給食の中から子どもたちがメニューを選んで献立を考えます。給食で好きな物・食べたい物を考えることで、1年間の感謝や自分の成長を実感できます。お別れ会や卒園前など、特別な日のお楽しみとして計画すると、子どもたちにとってよい思い出となるでしょう。リクエスト給食のレシピを給食だよりに載せたり、保護者に配ったりして家庭でも成長を喜んでもらいましょう。

食育年間計画における保護者への働きかけ方

食育は園と家庭が協力し、連携し合うことで成り立ちます。園がどのような目的で、どのような取り組みを行っているかを日々保護者に伝え、理解や協力を促すことで、子どもの「食を営む力」は身についていきます。連携時期や方法を年間予定でしっかり把握しておきましょう。

保護者と連携する食育年間予定

特に保護者に協力を求める行事やイベントを中心に紹介します。年間計画は早めに保護者に知らせ、詳細や用意する物など協力内容や期日もタイミングよく知らせます。

4月	保護者会 ／ 個人面談 ／ アンケート調査 ／ 給食試食会
5月	親子遠足
6月	歯の衛生週間 ／ 保育参観（親子クッキング）
7月	離乳食講習会（0歳・1歳児クラス） ／ 盆踊り大会
8月	お泊り保育
9月	地域交流会
10月	運動会 ／ 親子クッキング
11月	食育マナー講習会
12月	正月料理講習会
1月	保護者会
2月	栄養管理講習会
3月	アンケート調査

日ごろの保護者との連携

給食の掲示

その日提供された食事やおやつを、保護者が確認しやすいように、出入り口や玄関などに掲示します。食事について保護者が子どもと話すきっかけになります。

給食だより・食育だより（→ P.102）

献立、食育の考え方、園の取り組み、子どもの様子をおたよりで定期的に保護者に伝えましょう。年中行事や栄養の話など、家庭でも取り組んでみようと思える内容がおすすめです。

レシピ・献立アドバイス

保護者の目につくところに、栄養についての情報を掲示したり、園児に人気のレシピをおたよりで配布したりすると、家庭でも食の関心が高まります。給食の掲示の近くに献立のアドバイスなど、一言添えるのもよいでしょう。

食育相談・面談

食の悩みは子どもごとに違います。保護者が気軽に相談できること、落ち着いて話せる環境を作ることが大切です。その後の経過も連絡帳などで確認し合いながら、進めていきましょう。

アンケート調査（→ P.179）

年度始めに、個々の子どもの食事、睡眠など1日の生活実態（時間や量、好き嫌いなど）のアンケートを保護者に配り、記入してもらいます。子どもの生活リズムを把握して保育や食育に役立てるとともに、保護者の意識を向上させる効果も期待できます。

ホームページ・ブログ

給食や食育活動における子どもの姿を園のホームページやブログに載せるのも、多くの保護者に知らせる手段になります。上手に活用しましょう。ただし、個人情報の掲載には十分注意します。

連絡帳

園では食べるが、家庭では食べないなど、園と家庭では子どもの様子が違うこともあります。個別に対応できる連絡帳のよさを活かし、日々の園と家庭それぞれの食事の様子を書いて情報を共有できると、保護者の不安も解消でき、子どもに合った対応も可能になります。

親子参加の年間行事

親子クッキング

親子で調理することは楽しい触れ合いの場であり、包丁や火を使う料理や凝った料理にもチャレンジでき、幅も広がります。家庭でのお手伝いのきっかけにもなるでしょう。園の環境に応じて、年齢や人数を決めて安全にも配慮します。

保育参観

日頃の子どもたちの様子を保護者に見てもらう行事です。保護者が集まる貴重な機会なので、給食試食会を兼ねたり、園の食育への取り組みや子どもたちの食生活の大切さについて、理解を深められる機会にしましょう。

親子遠足

親子で参加する遠足では、各家庭でお弁当を用意してもらいましょう。屋外で友だちや保護者、みんなでお弁当を食べることは食べる楽しみをあらためて感じられるでしょう。それを保護者に伝え、協力を仰ぎます。

食育講習会

乳幼児期の食生活で大切にしたいことや、栄養バランスのよい献立の立て方や、食事の悩みの対応など、保護者が学べる機会を作りましょう。講習会の内容は難しすぎず、家庭で取り組みやすいことを第一に考え、楽しい食卓を作ることが基本であることを伝えます。

給食試食会

園で提供している食事やおやつを保護者に実際に試食してもらいます。味つけや献立のバランス、量について理解を得やすくなるでしょう。子どもと一緒に食べたり、保護者会やそのほかのイベントのときに合わせて、試食コーナーを設けてもよいでしょう。

お弁当の日

遠足、お弁当の日など、お弁当を持参する行事について、負担に感じる保護者もいます。家庭で作ったお弁当を食べることは、子どもにとって大きな食への喜びにつながることを伝え、理解を得られるように働きかけましょう。子どもが好きな物、食べきれる量を入れるといった弁当作りのコツなど、具体的なアドバイスも提案しましょう。

地域と共に行うための食育の年間計画の立て方

自分が暮らす地域で、どんな食べ物が生産されているのかを知ったり、伝統的な郷土料理などに触れることによって、子どもの食や人とのつながりは広がっていきます。地域の人を食事に招いたり、地域の行事に参加する、園児以外の親子が参加できるイベントを行うなど、積極的に地域と関わっていきましょう。

地域と共同できる食育年間行事予定

田んぼや畑の見学、栽培の協力など、地域の方と一緒に行える食育テーマは多いです。行事のお知らせは、市区町村や町内会の会報や掲示などを活用し、広く告知できるよう工夫しましょう。

4月	田畑の見学
5月	野菜栽培や米作り開始
6月	栽培や見学
7月	夏野菜（トマト・きゅうりなど）の収穫／地元の旬の野菜や名産品を知る
8月	夏祭り
9月	地域交流会／いもなどの栽培
10月	いもなどの収穫／収穫祭
11月	バザー
12月	もちつき
1月	郷土料理体験
2月	食品工場などの見学
3月	

地域と行う食育の年間テーマ例

その地域について知る体験

自分たちが住んでいる地域に根づいている食文化を年中行事や郷土料理、名産品などを元にして身近に感じ、学べる機会を作りましょう。給食やおやつとして提供するだけでなく、パネルシアターや紙芝居で伝える、地域で関連のある場所やお店に行ってみるなどし、子どもたちが興味を持って楽しく取り組めるように、年間計画に盛り込みます。

地域の人たちとの交流

同じ地域の幼稚園・保育園、小・中学校、高齢者施設、商店街など、様々な人たちと食を通じても交流する機会を作りましょう。食事やおやつを共にするとどの年齢の人とでも楽しい時間を共有でき、会話もはずみます。核家族化が進むなかで、多くの人と触れ合う体験は子どもたちに刺激を与え、社会性を育む機会になります。

園行事に地域の人を招待

園児以外の親子も含め、地域の人が参加できる園行事を行います。食に関連のある行事は参加しやすく、異年齢の人とも共通の感想で盛り上がりやすくなります。その地域の年中行事や、園の環境に合わせて、季節ごとに様々な食のイベントを考えてみましょう。

地域交流会
地域の高齢者（老人会など）を食事に招いたり、小・中学校の児童・生徒たちと一緒に遊ぶ会を開きましょう。おやつや昼食を一緒に食べることで、異年齢（年代）の人とも自然に話をし、子どもたちの知識も深まります。

収穫祭
さつまいもやじゃがいもなど、農作物の収穫にあわせてその食材を使った調理を体験したり、みんなで一緒に食べたりするイベントも交流になります。

バザー
バザーは地域に住む親子が参加しやすいので、普段の給食や手作りおやつの試食、レシピを配布して、地域の人に園のことを知ってもらいましょう。

もちつき
もちつきは、園だけで行うのではなく、地域の人の協力を仰いでにぎやかに。おもちのつき方を地域の人に教わったり、地域に伝わる食べ方を一緒に楽しんだりして、食べ物の成り立ちや伝統に触れる機会としましょう。

地域内の田畑を借りて栽培・収穫体験

夏野菜やさつまいも、じゃがいもの栽培・収穫体験のために地域の田畑のお世話になることも。子どもが毎日世話をしなくても、近くに田畑があれば、散歩の途中に寄って作物の生長を観察することもできます。また、田畑を管理してくれている地域の人への感謝の気持ちや、地域で採れるほかの食材への興味も深まります。

見学学習（商店・食品工場・牧場など）

商店街や、地域で採れる作物・名産品のなどの工場が身近にある場合は、見学を申し込んでみましょう。働く人の姿を見て、直接話を聞くことで、より地域やその食べ物に対する愛着や感謝の気持ちが強まるでしょう。

3章

実践

食育実践してみよう！

本章では、月・週・日ごとの食育活動や
栽培やクッキング、製作などの定番テーマの
実践案を紹介しています。
テーマごとの目的、計画の立て方、進行のポイント、
留意点、振り返りのコツなど実践に即して
解説しています。

月間の食育実践案 　0〜2歳児

ここでは0〜2歳児の食育実践案を示しています。
個別の実践案は、この内容を基本に、1章の子どもの発達や2章の年齢別年間計画を参考にして作成しましょう。

0〜2歳児は、心身ともに発達の個人差が大きく、同じ月齢の子でも発達に違いがあります。年齢別に分かれたクラス構成であっても、ひとりひとりに合った保育を行うことが基本です。そのため、月間の食育実践計画は個別に作成し、実践していくようにしましょう。

● **1歳6か月未満児**
個別の月間計画を作成しましょう。個別の週案や日案は作成せずに、週ごとに保育者の働きかけや環境について検討していくようにしましょう。

● **1歳6か月〜3歳未満児**
月間計画では、前月の様子を踏まえ、今月体験させたい活動や達成したい目標を入れるようにしましょう。全体の月間計画では対応できないところなどを、個別に月案・週案・日案に落とし込んで作成するようにしましょう。

月間の食育実践計画の作成ポイント

項目	記入事項	留意ポイント
発達の様子	●前月までの発達の様子を記入します	●子どもの様子をよく観察して、できるようになってきたことを考えます
ねらい	●前月の様子を踏まえ、達成したい目標を記入します	●前月と連続性があり、さらに成長できるような取り組みが望ましいです
子どもの活動	●ねらいを達成できるような活動や、今月体験させたい活動を記入します	●季節や行事なども考慮して、子どもの食への興味を引き出すような活動を考えます
保育者の対応・留意点	●食育活動において、留意点や保育者が行う内容を記入します	●子どもが安全においしく食べられるように、配慮すべきことを考えます
食事の環境構成	●食育のねらいや活動を達成するために、必要な環境や準備する物などを記入します	●心地よく安心して食事ができる環境作りや楽しい雰囲気になるように工夫します
家庭との連携	●食育計画を実践していくなかで必要な、保育者と保護者の連携事項を記入します	●食事の摂取状況、食事の様子、健康状態、食育の進み具合、家庭での様子、サポート情報など、連絡事項なども記入します
振り返り	●月の最後に、月間計画が適切だったか、実践が行えたかなどを振り返り、記入します	●記入したことは翌月への計画に活かすようにします

0～6か月児の ある月 の食育実践計画

項目	A児（4か月）	B児（6か月）
発達の様子	●あやすと笑う ●首がすわる ●授乳間隔が整ってきている ●睡眠時間が安定してきている ●喃語を話す	●食べ物に興味があり、大人が食べているとじっと見る ●スプーンを口に入れても、押し出そうとしない ●手足が活発に動き、寝返りができる ●表情で気持ちを表す
ねらい	●空腹を感じられるようになる ●授乳後に満腹感で満たされる ●心地よい環境の中で、生活リズムを整え、安心しながら過ごす	●離乳食（ミルク以外の味）に徐々に慣れていく ●食べる・眠る・遊ぶ、それぞれ意欲を満たす ●心地よい環境の中で、生活リズムを整え、安心しながら過ごす ●飲み込みに慣れる
子どもの活動	●十分な授乳量を飲む	●ポタージュ状の離乳食を飲み込む ●いろいろな遊びをして体を動かし、空腹を感じる
保育者の対応・留意点	●授乳時に表情や口の動きを見ながら、「おいしいね」などと声をかける ●子どもがじっと見つめてきたら、笑顔で安心させてあげるようにする	●食前に手を拭き、食欲につなげる ●食後に口のまわりを拭く ●保育者が抱っこをして離乳食を与える ●離乳食を食べるときには、「いただきます」「おいしいよ」などと声をかける ●離乳食を食べたがらないときは、無理強いしない
食事の環境構成	●部屋の明るさや室温に配慮する ●哺乳瓶の衛生管理を徹底する ●口を拭くためのガーゼを用意する	●部屋の明るさや室温に配慮する ●離乳食用食器を用意し、衛生管理に気をつける ●食前食後の手や口を拭くためのおしぼりを用意する
家庭との連携	●毎日、授乳の回数や量、様子などを連絡帳に記入して保護者に伝える ●家庭での授乳の様子を把握する	●毎日、離乳食の献立や量、食事の様子などを連絡帳に記入して保護者に伝える ●離乳食の進め方を話し合い、共通の認識で、離乳を進める
振り返り	●15分ぐらいで飲み終わる ●授乳量や授乳間隔が安定してきている ●身長・体重は成長曲線に合っている	●離乳食の食べ始めまでに時間がかかる。しかし、いったん口にすると味わって食べている ●便の状態はよい

7か月～12か月児の ある月 の食育実践計画

項目	C児（8か月）	D児（11か月）
発達の様子	●食べ物を上あごに押し当ててつぶして食べる ●お座りが安定している ●何でも口に運んで確かめようとする ●少しずつ食品の好みが出てきている	●奥の歯ぐきを使ってつぶして食べる ●自分で食べたい物を手づかみ食べする ●コップを使って飲もうとするが、こぼす量のほうが多い
ねらい	●奥の歯ぐきでつぶして食べる ●徐々に食品数を増やす ●食べたいという意欲を引き出す	●よく噛んで食べる ●いろいろな食べ物を見たり、触ったり、味わって、自分で食べようとする意欲を育てる
子どもの活動	●食べられる食材の種類を、少しずつ増やしていく ●噛む動作をしっかりする	●食材を持ちやすい形や大きさに切り、手づかみで食べる楽しさを深める ●コップを使って飲む練習をする
保育者の対応・留意点	●無理強いは避け、食べることを楽しめるようにする ●丸飲みしていないかを確認する ●咀しゃく力を伸ばすように、離乳食のかたさや大きさを少しずつ変えていく ●便の様子を確認しながら、食材のかたさなどを調節していく	●自分で食べようとする意欲を大切にする ●保育者が目の前でよく噛む様子を見せる ●個々の様子を見て、一口の分量、食事時間、調理形態を考慮する
食事の環境構成	●体に合った食事用のいすを準備し、座らせて食事を与える ●手や口を拭くおしぼりを用意する	●いすやテーブル、食具の衛生管理をしっかり行い、手づかみ食べに備える ●手や口を拭くおしぼりを用意する ●子ども自身がコップやスプーンを使わなくても、そばに置いて、興味を持たせる
家庭との連携	●授乳や離乳の様子について、毎日連絡帳で情報交換をする ●離乳食のレシピや食べる様子などを伝える ●食べることに関しての子どもの成長を保護者と分かち合う ●無理な食べさせ方をしていないか、保護者と確認し合う	
振り返り	●食べられる食品数が増えている ●食事が目の前に来るとうれしそうな表情をする	●いろいろな食べ物や食具に興味を持っている ●手づかみで食べたい様子が見られる

1歳～1歳6か月児の ある月 の食育実践計画

項目	E児（1歳3か月）	F児（1歳6か月）
発達の様子	●前歯でかじり取り、奥の歯ぐきでつぶして食べる ●手づかみ食べがまだ多いが、スプーンを使って食べたがる ●食べる量が増えている ●言葉のやりとりに興味がある	●よく噛んで食べようとする ●好き嫌いがある ●食器を支えて食べようとする ●話す言葉の数が増えている ●手首の使い方がうまくなっている
ねらい	●「自分で食べたい」という意欲を持つ ●食べる時間を楽しみにする ●手づかみ食べを十分にさせる	●多くの食感や味覚を味わう ●さまざまな食べ物に興味を持ち、苦手な物にも挑戦する ●手づかみ食べから食具（スプーンやフォーク）食べに移行する
子どもの活動	●自分から食べようとする意欲を持つ ●「いただきます」「ごちそうさま」のあいさつを保育者と一緒に行う ●スプーンを使って食べようとする	●食事の時間がわかり、楽しみにする ●食べ終えたときに満足する気持ちを感じて、「ごちそうさま」のあいさつや手を洗う行動につなげる ●食べ物の名前を食事時間などに知る
保育者の対応・留意点	●「ごはんですよ」と声をかける ●スプーンをのどに押し込みすぎないように注意する ●スプーンを使って食べられたらほめる ●口にほおばりすぎてつまらせないように注意する ●個々の様子を見て、分量、食事時間、調理形態を考慮する	●「これはトマトですよ」など、食べ物をさしながら言葉を教え、興味を持たせる ●苦手な物は保育者がおいしそうに食べて見せて、少しでも口にするように促す ●自分で食べる気持ちを大切にする ●自分で食べられたらほめる
食事の環境構成	●体に合った食事用のいすとテーブルを用意し、安定した姿勢で食事をとれるようにする ●口や手を拭くためのおしぼりを用意する ●楽しい雰囲気の中で食べられるようにする	●自食用の食具（スプーン、フォーク）を準備する（家庭から持ってきてもらう） ●食事前に落ち着けるように、食べ物の絵本などを読み聞かせる
家庭との連携	●食事量や咀しゃく力や子どもの様子を確認し、保護者に伝え、家庭での様子と合わせて情報を共有する	●自分で食べられた日はお迎えのときに保護者の前で子どもをほめ、日々の食事の様子を報告する
振り返り	●コップで飲んだり、スプーンで食べることが上手になった	●スプーンを使って食べるようになった ●トマトに興味を持っているが、食べようとしない。食わず嫌いかもしれないので、味に慣れさせたい

1歳7か月～2歳未満の ある月 の食育実践計画

項目	G児（1歳8か月）	H児（1歳11か月）
発達の様子	●食欲が増しているが、苦手な野菜は食べようとしない ●保育者のまねをしたがる	●食事に集中せず、遊び食べをして、こぼしてしまうことがある
ねらい	●苦手な野菜を口にする ●茶碗を上手に持つ	●食事に集中する ●食べきれたことに達成感を持つ
子どもの活動	●苦手な野菜を少しでも食べる ●茶碗を持ち上げて食べる	●食事に興味を持てるように、ままごと遊びや保育者との会話を楽しむ ●食べ物のお話を聞いたり、絵本を見る
保育者の対応・留意点	●苦手な野菜をおいしそうに食べる様子を見せる ●苦手な食べ物を食べているほかの子の様子を見せ、「○○くんも食べられるかな？」と声をかける ●苦手な物は少なく盛りつけたりして、無理はさせない ●茶碗の持ち方の手本を見せて、まねをしてもらう ●野菜が出てくる絵本の読み聞かせをする。苦手意識を少しでも取り除く	●集中が途切れそうになったら、「どんな味がするかな～」などと声をかける ●食べ物で遊んでいたら、「食べ物が痛いよ～って泣いているよ」などと、ものまねしてみせる ●集中して食べることができたら「頑張って食べたね」などとほめて、満足感を味わわせる
食事の環境構成	●子どもが扱いやすい茶碗などを用意する ●苦手な野菜の形状や味つけを変えてみる ●持ち上げてみても負担にならない茶碗を用意する	●落ち着いて食べる環境を作る（テーブルと遊び場の間についたてを置く） ●ままごとコーナーや食材のおもちゃを用意する ●視覚的に注目できるメニューを増やす
家庭との連携	●家庭でも苦手な野菜に挑戦するように保護者に伝えて協力を仰ぐ ●克服できた野菜を伝え、共に喜び合いながら子育てに自信を持ってもらう	●家庭でも子どもが集中して食べる環境作りの大切さを伝え、実践してもらうよう協力を仰ぐ
振り返り	●野菜全般が苦手だったが、食べられる物がいくつか出てきた。ピーマンが苦手な様子なので、苦手意識を少しでも取り除きたい ●茶碗を持って食べることができるようになった	●楽しそうにままごと遊びをしながら、食べ物のおもちゃの名前を覚えようとしていた。給食でその食べ物が出てきた際に伝えると、「同じだね～」と言って喜んで食べていた ●興味のない食材のときに飽きてしまう傾向が見られる

2歳〜3歳未満児の ある月 の食育実践計画

項目	I児（2歳3か月）	J児（2歳9か月）
発達の様子	●好きな物を先に食べ、苦手な物はあまり食べない ●会話を楽しみすぎて食事が遅くなる	●スプーンをうまく使って食べることができる ●はしを使おうとするがうまく使えない
ねらい	●ばっかり食べを軽減する ●決まった時間の中で食事を終わらせることを理解する	●はしに親しむ
子どもの活動	●順番に食べる練習をする ●できるだけ時間内に食事をすませる ●ルールがある遊びをする	●はしを使った物つかみ遊びを楽しむ（P.174） ●はしに触れる時間を増やす ●年長児のクラスと共に食事をする
保育者の対応・留意点	●「順番に食べるとおなかが喜ぶのよ」などと話しながら、順番に食べるように促す ●時計を見せて「この針が6のところまでに食べ終われるかな？」などと話しかけて、食事に集中するように促す。ただし、早食いにならないように注意する ●「ご飯を食べたら、うがいをしてお着替えだね」などと声をかけて、食事の後の行動を想像させる	●スプーンが上手に使えることやこぼさずに食べたことをほめて、自信につなげる ●はしを上手に使えるようになるのは5歳ごろのため、練習を強制したりはせず、触れ合う程度にする ●年長児の食事の様子を観察させて、「お兄さんたちははしが上手に使えてすごいね」とやる気を引き出す
食事の環境構成	●「いただきます」と「ごちそうさま」の時間を決める	●はしを使った遊び道具を用意する （スパゲッティーに見立てた毛糸、おかずに見立てたスポンジや消しゴムなど）
家庭との連携	●家庭での食事もだらだら食べずにある程度の時間を決めて食べてもらうように促す	●はしの持ち方のイラスト（P.174）を掲示する
振り返り	●順番に食べることに興味を持っていたが、まだ難しい様子だった ●まだ苦手な物は残そうとすることがある ●食事中のおしゃべりは減り、一定の時間でほぼ食べ終えることができるようになった	●はしを使った物つかみゲームに興味を持っていた ●はしを使って食べたがるので、挑戦させてみたが、落としてしまい、泣いてしまっていたので、焦らせないようにする

3～5歳児 食育実践のポイント

食育実践の基本

園での食事は、楽しい雰囲気の中でおいしく食べることが基本です。そのうえで、マナーを守ったり、食材に興味を持ったりすることで、さらに「食を営む力」へとつながります。

園での食育が単なるイベントにならないように、日々の生活に根づいた取り組みを計画的に行っていきましょう。食育は日々の積み重ねも非常に大切です。

月間・週間・1日の食育計画と実践ポイント

3～5歳児の食育は、年間計画をもとに、月・週・日案というように、細かく計画を立てて、準備をしっかりしてから、実行します。子どもの発達に合わせながら、次につながるように行うことが大切です。

❶月ごとにテーマと目標を決めましょう

《テーマ選びのポイント》
- 年齢や発達に合ったテーマを選びましょう。
- 四季や行事を意識すると選びやすくなります。
- 栽培、クッキング、マナー、食の知識（成り立ち、旬、栄養、味覚…）、遊び（ごっこ遊び、製作遊び、自然との触れ合い…）など、多岐にわたる体験ができるよう考慮しましょう。

❷各月を4週に分けて、実践内容を週ごとに決めましょう

- その月のテーマや目標に沿って、翌週につながりを持たせて計画を立てましょう。
- 子どもはすぐに忘れてしまうことを考慮しましょう。

❸各日ごとに実践内容を作成し、準備しましょう

- 午前中の2時間以内で終えられるタイムスケジュールを組みましょう。
- ほかの保育内容や行事も考慮して計画を立てましょう。
- できる限り、事前準備と補助人員の確保をしておきましょう。

❹日案に沿って、実践しましょう

- 導入時に子どもの興味をひくように心がけましょう。（「今日は○○をします」という言葉だけの説明では理解できません。実物の食材、絵本、イラスト、人形などを使って気持ちをつかみましょう）
- 待ち時間が多いと子どもが飽きてしまいますので、むだを省き、効率よく進められる準備をしましょう。
- 予定通りに全部できなくても焦らず、臨機応変に順番を変えるなどして対応しましょう。
- 期待していたような子どもの反応が得られなくても、それを受け止めて投げかけ方を変えてみるなど柔軟に対処しましょう。

❺実践後に振り返り、改善点などを考察し、次回に活かしましょう

日ごろの食事中の声かけ

声かけは命令口調にならずに優しく、子どものやる気を引き出すような言葉を選びましょう。できたことは大げさなくらいにほめて、できないことには「〜できそうかな？」など、本人の意思で動くように声をかけましょう。あいさつや姿勢などのマナーは習慣づけていきましょう。

苦手な物がある子

「○○くんがおいしそうに食べているね」
「ピーマンが食べられて、すごいね！」
「ほうれんそうは、△△マンみたいに、体を守ってくれるんだって」
「これを食べると肌がきれいになるよ。先生のほっぺもつるつるしてきたよ」

NGワード　「好き嫌いしちゃだめだよ！」「食べないと大きくなれないよ」

Point
食わず嫌いや見た目の様子から食べない子もいます。保育者が「おいしいね」と言いながら食べる様子を見せましょう。一口だけでも食べることをめざします。無理強いするとよけいに苦手になるので注意しましょう。

食が細い子

「どれくらいなら食べられそうかな？」
「もう一口食べてみようか」
「昨日より食べられる量が増えたかな？」
「○○ちゃんは、今日は全部食べられて、えらいね」

NGワード　「たくさん食べなさい！」「いっぱい食べないから小さいのよ」

Point
少ない量を盛りつけて、全部食べられる達成感を味わえるようにしましょう。「どれくらいなら食べられそうかな？」と聞いてあげると、自分で選択した喜びや責任感で食が進むこともあります。

姿勢が悪い子

「○○くんはいい姿勢だね。△△ちゃんもできるかな？」
「いい姿勢をお友だちにも教えてあげられるかな」
「机とおなかの間は、グーひとつ分あけるんだよね。できているかな？」
「背中をまっすぐにして食べるとおなかに食べ物が入りやすくなるよ」

NGワード　「○○くんは、姿勢が悪いね！」

Point
いい姿勢で食べることを意識させることが大切です。いい姿勢で食事ができるように、食前に声をかけたり、ポスター掲示などをして伝えましょう。また、友だちの姿勢を見たり、姿勢を教える行為は、自分の姿勢を正すので効果的です。

食べるのが遅い子

「時計の針が6になったら、終わりにしようね」
「食べ終わったら、外で遊ぼうよ」
「ご飯、おかず、スープの順番こで食べてみようか」

NGワード　「早く食べなさい！」

Point
食事の終了時間の目安や、食後の楽しみを伝えたりするなど、目的を決めてあげると、集中して食べられる子もいます。話に夢中になっている場合は、「楽しそうだね。食べ終わったら、お話ししようね」などと声をかけます。

よく噛まない子

「噛むといい音がするね」
「噛むと甘くなるかな？」
「よく噛むと唾液が出ておなかに入りやすくなるよ」
「ゆっくり噛むとおなかが喜ぶよ」

NGワード　「よく噛みなさい！」「○回噛みなさい！」

Point
食事を噛まずに丸飲みしている場合は、よく噛むとどんないいことがあるかという理由も話して意識させましょう。保育者と一緒に、噛む練習をして、よく噛むことを意識させましょう。

食育活動に関係がある食材が出てきたら

「この野菜はいつ採れるのかな？」
「これは赤のグループの食べ物だね」
「このトマトはすみれ組さんが育てているミニトマトと同じ味がするかな？」

Point
食育活動で覚えたことは、実際の食事を通して復習すると、子どもの記憶に残りやすく、理解が深まります。給食やおやつは、食育と直結していますので、おおいに活かしましょう。

4月 の食育実践案 3〜5歳児

ここでは3〜5歳児に共通する食育実践案を示しています。各年齢の実践案は、この内容を参考に、1章の子どもの発達や2章の年齢別年間計画を参考にして作成しましょう。

園での食事に慣れる
（共食の楽しさを知る）

新しい環境の中で、子どもが不安や緊張を感じやすい時期です。友だちと一緒の食事がリラックスできるよう、雰囲気作りに配慮しましょう。手洗いや配膳の指導に加え、調理担当者の紹介や調理室見学、食材の名前を知るなど園の食事に親しみを持たせる活動も取り入れます。また、保護者と密に連絡を取り、家庭での生活や食事の様子についても把握しておきましょう。

4月の週ごとの食育実践計画 Weekly

週	目標・内容	保育のポイント	家庭との連携
1週目	●保育者や栄養士の顔を覚える。 ●手洗い場やトイレの使い方を知る。 ●給食時のルールを理解する。 ●友だちや保育者と食事をする。	●子どもが落ち着ける雰囲気を作る。 ●食事のルールを教え、できなくても焦らせないようにする。 ●栄養士、調理員、保育者が、子どもたちの食事の様子を観察する。	●前月末に4月号の献立表を配布。 ●食事の好みを個別に調査し、アレルギー児の保護者と面談。 ●家庭でも給食の話題が出るように、毎日給食の展示を行う。
2週目	●調理室に行き、給食を作る様子を見学する。 ●給食当番の仕事を分担し、配膳や片づけを行う。	●調理室を見学しながら、給食の献立名・使用食材・調理法などを説明する。 ●給食当番の役割や作業内容を説明する。 ●食が進まない子や食わず嫌いな子どもに声をかけて、食欲を促す。	●園での食事の様子を保護者に伝える。 ●食が細い子の保護者から、家庭での食事の様子をうかがい、対策を話し合う。
3週目	●ままごとコーナーを設置し、ままごと遊びをする。 ●野菜や果物などの名前を覚える。 ●給食の中で、食材名を言いながら、楽しむ。	●ままごとコーナーを設置したり、外で小枝や葉っぱを使ってままごとを楽しむ。 ●食材が登場する絵本を読み聞かせ、出てきた食材を知っているかどうかを聞いたり、どんな味がするかを話す。	●野菜や果物の名前を家庭でも覚えられるように、食材カードを配布する。 ●保護者向け給食試食会を実施し、感想を聞く。
4週目	●「さわって当てよう・匂いで当てよう」ゲームや「影絵から当てよう」ゲーム（P.168）を行い、食材や食器の感触や形、匂いを知る。 ●みんなで食べる楽しさを実感する。	●給食に出る食材や食器を用意し、触ったり匂いを確認させる。答えが出ない場合は、食材の色や味などのヒントを。 ●部屋を暗くして白い布の奥に食材を置き、ライトを当てて影絵を作ってもよい。	●家庭でも、子ども一人ではなく誰かと一緒に食べるよう促す。 ●園での食事に関して改善してほしい点があれば、意見を出してもらうよう促す。

4月の ある日 の食育実践計画 Daily

組・人数	すみれ 組 ／ 4 歳児 ／ 20 人
主な活動	調理室を見学する
ねらい	調理員の仕事や給食のでき方を知り、園での食事に興味を持つ

タイムスケジュール	子どもの活動	環境構成	保育者の対応・留意点
前日まで	●見学当日の献立や食材、調理室について保育者から話を聞く	●調理員が当日使う調理器具や野菜などの実物、写真、絵本を用意する	●見学当日の献立や食材、調理器具などを実物、写真、絵本を交えて紹介し、興味や期待を高める
10:00	●調理室見学	●調理員の名前と顔がわかるように、入り口に名前と写真を貼る ●食材を調理室前に展示する	●野菜を切るところや鍋の中身など、調理の仕方、内容を順番に見せる ●安全面に配慮する
10:30	●保育室に戻る	●給食ができるまでの１日の流れや調理器具などを説明するための写真やパネルを用意する	●調理の１日の流れや流通経路など、見学できなかった部分も含め、事前に写した写真などを使い、説明をする ●調理員や農家など給食に携わる人たちや、食べ物への感謝の気持ちを持てるよう伝え、その方法を示す （残さず食べる、感謝の気持ちを込めて「いただきます」と「ごちそうさま」をするなど）
10:35	●給食ができるまでの話を調理員らから聞く		
10:50	●さまざまな食材が届くまでの流通経路を知る		
11:15	●わからないことがあれば質問する		
11:20	●手洗いをする ●給食準備	●給食を展示する	●食べ物やそれを準備してくれた調理員らに感謝をして、正しい食事の仕方で食べているか確認する ●見学時のことを振り返りながら楽しく食事ができるよう声をかける
11:50	●献立の確認		
12:00	●給食		

実践ルポ
給食や食材の展示は保護者の見えるところに

毎日の給食がどのような状態で出されているのかを保護者も気にしていますので、お迎え時に見える場所に、実際の給食を展示。また、給食に使用した食材を展示することもあります。それを見て子どもたちも食材への興味が深まっているようです。

実践の振り返り

●園の食事に慣れたかどうかを、子どもたちの言動から確認しましょう。
●調理室に興味を持っているか、食べ残しが多くないか、楽しそうに食事をしているかなどの様子を見て、居心地のよい環境作りに努めましょう。

5月の食育実践案

テーマ例
嫌いなものを少なくする
（味覚を育てる）

新しい生活に徐々に慣れてくるころです。バランスよく栄養を摂るためには、嫌いなものを少なくすることが大切です。子どもは「食わず嫌い」のことが多いので、調理法や盛りつけを変えたり、自分たちで野菜を育てたりすることで苦手食材が食べられることがあります。こどもの日にかしわもちやちまきを食べるなど、行事食も活用しながらいろいろな味覚を味わう機会を設けましょう。

5月の週ごとの食育実践計画 Weekly

週	目標・内容	保育のポイント	家庭との連携
1週目	●柏もちやちまきなど、端午の節句の行事食を味わう。 ●母の日の感謝の言葉を考え、表現する。	●端午の節句のいわれや行事食の意味を話す。 ●母の日にいつも食事を作ってくれる保護者に感謝するよう促す。	●前月末に5月号の献立表を配布。 ●家庭でも給食の話題が出るように、毎日給食の展示を行う。
2週目	●「三角食べ」のやり方を覚える。 ●給食で「ばっかり食べ」をせずに「三角食べ」をするよう心がける。 ●親子遠足に行き、外でお弁当を食べる楽しさを実感する。	●イラストや実際の給食を使って、順序よく食べる「三角食べ」の方法を教える。 ●給食のときにも「三角食べ」を促す。 ●食事やお弁当は、残さずに食べると作ってくれた人もうれしいことを伝える。	●親子遠足への参加を促す。 ●子どもの達成感を得られるように、お弁当は食べきれる分を作るようにアドバイスする。
3週目	●いもや野菜のでき方を知る（P.166）。 ●食材を育てる人の大変さを知り、食べ物に感謝する。 ●苦手な食べ物を食べる努力をする。	●イラストや絵本などを使って、食べ物のでき方や食卓に届くしくみを説明する。 ●食材（植物、魚、肉など）の命をいただくことに気づかせる。 ●「あと一口だけ食べてみよう」「○○を食べると体の筋肉になるよ」などと声をかけ、苦手な物への挑戦を促す。	●子どもが苦手な食べ物を保護者から聞く。 ●苦手な物を食べられるようになるように、家庭でも調理法や盛りつけの工夫などを協力をしてもらうよう促す。
4週目	●夏に収穫できる野菜の種や苗を植え、生長を楽しむ（P.84）。	●種や苗を植えたあと、いつごろ芽が出て、花や実ができるのかを伝える。 ●給食で苦手な物を食べられる分だけよそい、食べた達成感を持たせるようにする。	●園で植えた種や苗と同種の食材を、家庭での食卓にも出してもらうように促す。

5月の ある日 の食育実践計画 Daily

組・人数	すみれ 組 ／ 4 歳児 ／ 20 人
主な活動	三角食べのやり方を覚える（自ら配膳する）
ねらい	三角食べを意識し、バランスよく食べる習慣を身につける（自分で盛りつけることで適量を知る）

タイムスケジュール	子どもの活動	環境構成	保育者の対応・留意点
10：30	●三角食べについて話を聞き、理解する	●三角食べの順番を示すイラストを掲示する	●ご飯⇒汁物⇒おかずを順番に食べることを、イラストを用いて説明する
10：40	●自分でご飯をよそうときや食べるときの茶わんの正しい持ち方を覚える	●茶わんを用意する	●茶わんを使い、茶わんの持ち方を教える ●配膳や食事のときは茶わんをしっかり持つことを伝える
10：50	●三角食べごっこ遊びをする		●三角食べするための配膳方法を伝え、ごっこ遊びを通して、三角食べへの期待を高める
11：10	●茶わん・遊び道具などの片づけ		
11：15	●給食準備を始める ●エプロンを着ける ●配膳のきまりを聞き、配膳する	●各自エプロンを準備する ●子どもの手の大きさに合わせた小さめのしゃもじやおたまを用意する	●手洗い、身じたくなど、衛生面に配慮する ●盛りつけのきまりや約束、献立を確認する ●正しく配膳できたかをひとりひとり確認、助言、補助する ●苦手な食べ物は、食べられる分だけよそうよう助言し、食べられた達成感を味わえるように導く
11：40	●食前に食べる順序を再確認する	●三角食べのイラストを掲示する	●イラストを用いて、三角食べを再確認する
11：45	●三角食べを意識しながら給食を食べる		●保育者が給食を食べながら手本を見せる ●繰り返し声をかけながら様子を見てまわる ●子どもが苦手な食べ物の順番が来たら、無理強いはせず、「少しだけでもいいよ」「ひとくちだけ食べてみようか」などとアドバイスをする

アドバイス
苦手な食べ物は言葉がけで少しずつ促す！

苦手な物は、「どれくらいなら食べられそう？」と聞いて、食べきれそうな量を決めてもらいましょう。食べきれたら「すごいね」とほめて自信を持たせます。少しだけ食べた場合も、苦手な物に挑戦した勇気をほめてあげましょう。また、「○○ちゃんの左腕さんが『ピーマンは力が出るから食べたいな』と言っているよ」など、体の一部を擬人化してみるのもひとつの方法です。食べられたら「左腕さんが『ありがとう』って喜んでいるよ。力が出てきそうだね」など、自分の体のために食べることを実感させましょう。

実践の振り返り

- 三角食べをしようと意識しながら食べているか、「ばっかり食べ」をしていないかを観察し、子ども自身でもチェックさせます。
- 苦手な食べ物を食べる努力をしたかを見ましょう。

6月の食育実践案

3～5歳児

テーマ例

丈夫な歯をつくる
（衛生習慣を身につける）

多くの地域で梅雨に入ります。湿度が高く気温の変動が大きいので体調管理に注意しましょう。室内活動の際に、食べ物が登場する紙芝居や絵本を読むと食への理解が進みます。また、6月4日の「むし歯予防デー」にちなみ、「どうしてむし歯になるのか」「丈夫な歯をつくる食べ物」など、食と丈夫な歯の関わりの大切さを伝えます。歯磨きやうがい、手洗いなどの衛生の生活習慣も身につけていきましょう。

6月の週ごとの食育実践計画 Weekly

週	目標・内容	保育のポイント	家庭との連携
1週目	●歯の衛生週間に、むし歯になるしくみや歯磨きの大切さを知る。 ●正しい歯磨き方法を知り、歯磨きが上達する。 ●丈夫な歯にするためにどんな物を食べるといいかがわかる。	●絵本やイラストを使って、むし歯になるしくみやむし歯になりやすい食べ物、食べ方を伝える。 ●口を開けた顔のイラストや人形を使って、歯磨き方法を教える。 ●カルシウムやたんぱく質などを含む歯を強くするための食材を紹介する。	●前月末に6月号の献立表を配布。 ●家庭でも給食の話題が出るように、毎日給食の展示を行う。 ●家庭でも正しい歯磨きができているか、仕上げ磨きの仕方を伝える。
2週目	●5月に植えた野菜の観察や水やりを行う（収穫まで随時）。 ●食中毒を知り、清潔を心がける。 ●正しい手洗いの方法を知り、こまめに手洗いができる。	●野菜の世話の当番を決める。 ●野菜の生長の様子を随時絵に描かせる。 ●食中毒の原因と症状、予防方法を伝える。 ●正しい手洗いの方法をポスター（P.159）や実践して見せる。	●家庭でもカルシウムが多い食材や歯ごたえがある食材を出してもらうように伝え、食事中は「歯や骨が強くなるね」と子どもに伝えてもらう。
3週目	●よく噛んで食べると唾液の分泌が多くなり消化を助けることを知る。 ●よく噛むと味が変わる食べ物があることを知る。	●唾液の働きを伝える。 ●やわらかい物ばかりを食べるとあごの発達や歯並びが悪くなることを伝える。 ●ご飯をよく噛んで甘みが増す体験を実施。	●保護者会を実施し、歯磨きや手洗い、丈夫な歯にするための食材選びやよく噛むことの効果などを伝える。
4週目	●食事の際に噛む回数を増やす努力をする。 ●歯を強くする食べ物を自ら選んで、食べるようになる。	●一口で何回噛んだかを数え、記録する。 ●ご飯を一口で20回噛む練習をする。 ●歯を強くする食材を、食材カードやバイキング給食などで選択する練習をする。	●家庭でも食事の際に噛む回数を数え、よく噛むよう促してもらう。

6月の ある日 の食育実践計画

組・人数	ゆり 組／3 歳児／15 人
主な活動	むし歯のしくみや歯を強くする食べ物・食べ方を知る
ねらい	しっかり食べるために歯の大切さを知り、歯磨きなどの衛生習慣を身につける

タイムスケジュール	子どもの活動	環境構成	保育者の対応・留意点
10：00	●むし歯に関する絵本の読み聞かせを聞く ●クイズに答える	●歯の衛生に関するポスター（P.159）を掲示する ●むし歯ができる様子や歯に関する絵本やイラストを用意する	●絵本を読み聞かせし、むし歯予防デーについて話す ●イラストを交えてクイズを出題し、歯への関心を高める
10：30	●正しい歯磨きの実演を見る	●歯ブラシと、口が開いて歯が見える人形を用意する	●人形を用いて、歯の磨き方を実演、確認する
10：40	●歯磨きの練習をする	●各自、歯ブラシセットを家庭から持参してもらう ●歯磨きコーナーを設営する	●歯磨きの動作を確認しながら、助言や補助をする
11：00	●歯を強くする食べ物や食べ方を知る	●歯を強くする食べ物のイラストや実物などを用意し、展示する	●歯を強くする食材（カルシウムなど）や、よく噛んで食べると唾液が出て消化がよくなり、あごが強くなることなどを紹介する
11：30	●給食時によく噛むことを意識しながら実践する		●よく噛んで食べるよう促す ●「何回噛むと味が変わるかな？」などと問いかけながら、噛む回数を意識させる
12：30	●食後に歯磨きやぶくぶくうがいを行う	●歯磨きやうがいの手順を書いたポスターやイラストを準備する	●歯磨きができないときには、ぶくぶくうがいをすることを教える
15：30	●おやつの後にぶくぶくうがいを行う		●「物を食べたら歯をきれいにする」という意識づけをするよう声をかけて習慣づける

実践ルポ
噛む回数や味わいを記録して実感する

よく噛んで食べることを意識するために、噛んだ回数をカードに記録する食育を定期的に行っています。よく噛むと甘くなる食べ物や、食材によって噛む音や歯ざわりが違うなど、ゆっくり食べることによって子どもなりの新しい発見があるようです。

実践の振り返り

- 食後にうがいや歯磨きをする意識や行動が見られるかを確認。毎日声をかけながら習慣づけましょう。
- よく噛んで食べているか、歯を丈夫にする食べ物を積極的に食べようとしているかを確認しましょう。

7月の食育実践案

3～5歳児

テーマ例
旬の食材に興味を持つ
（食材への理解を深める）

夏野菜が旬を迎えるころです。自分たちで育てた野菜を収穫して食べたりしながら、野菜の旬を教えましょう。最近では、栽培技術の向上や輸入の自由化などで1年中手に入る食材が増えていますが、旬の食材は季節を感じる感性を育み、栄養的にも優れています。野菜や果物に旬があることを伝え、旬の意味を理解させることで、身近な食材への興味や関心を深めましょう。

7月の週ごとの食育実践計画 Weekly

週	目標・内容	保育のポイント	家庭との連携
1週目	●野菜や果物、魚などには旬があることを知る。 ●季節ごとの旬の食材を覚える。 ●「旬の食材に分類する」（P.170）の分類台紙や食材カードを使って、旬の食材を覚え、分類できるようになる。	●旬の食材を季節ごとに紹介し、旬の物を食べることの効果を伝える。 ●旬の食材分類遊びの中で、分類に迷っていたら、「これは体を冷やす働きがあります」などのヒントを出す。 ●次週に行う野菜の収穫の仕方を教える。	●前月末に7月号の献立表を配布。 ●家庭でも給食の話題が出るように、毎日給食の展示を行う。 ●旬の食材の分類台紙や食材カードを配布し、子どもと一緒に分類遊びをしてもらうよう促す。
2・3週目	●育てた野菜を収穫し、収穫の喜びを実感する。 ●収穫した野菜を食べて、恵みに感謝する。 ●収穫した野菜を使って、クッキングを行う。	●全員一緒に一つずつ収穫できることが望ましいが、随時収穫できるものは、順番を決めて収穫させる。 ●収穫物を見て、絵を描かせる。 ●収穫はすぐに食べられるように園の食事の時間に合わせると、食べる喜びがわきやすくなる。 ●クッキングの際は、収穫物の本来の味を損なわないように工夫する。	●収穫した食材を展示する。 ●子どもが描いた観察の絵を展示する。 ●収穫した野菜を使って、親子クッキングを開催する。 ●収穫した野菜を使った料理レシピを紹介する。
4週目	●「土用の丑の日」のいわれや、うなぎの栄養について知る。 ●夏野菜の働きを理解し、積極的に食べるようになる。 ●水分補給の必要性を知り、自分から水分補給をできるようになる。	●「土用の丑の日」のいわれや、うなぎの栄養や体への働きを伝える。 ●夏に不足しがちな栄養を伝え、どんな食材からその栄養が得られるかを知らせる。 ●水分補給について説明し、保育時間中も水分が不足しないように気をつける。	●夏が旬の食べ物を、家庭での食事にも出してもらえるよう、栄養効果などを紹介する。 ●水分補給の必要性を伝え、熱中症にならないように注意を促す。

7月の ある日 の 食育実践計画 Daily

組・人数	すみれ 組 ／ 4 歳児 ／ 20 人
主な活動	旬の食材を知る
ねらい	旬の食材に親しみ、食べ物への関心を高める

タイムスケジュール	子どもの活動	環境構成	保育者の対応・留意点
9:30	●旬の食べ物について話を聞く ●季節ごとの旬の食材を覚える [例] 春…たけのこ、キャベツ、いちご、さやえんどう 夏…トマト、きゅうり、すいか、とうもろこし 秋…さつまいも、さんま、しいたけ、くり 冬…だいこん、はくさい、みかん、しゅんぎく	●いくつかの食材の写真・イラスト・実物などを用意（各季節を代表する食材が好ましい）	●食べ物には旬があることを伝え、旬の季節に食べるとおいしいことを伝える ●旬の季節に合った食材の効能を伝える [例] 夏が旬のきゅうりは体を冷やす作用がある ●食材カードなどを用いて、季節ごとに旬の食材を分類して見せたり、クイズ形式で問う（旬の食材分類表を掲示して説明してもよい） [例] 保育者「この野菜は何かな？」 　　　子ども「トマト！」 　　　保育者「正解！　では、トマトの旬の季節はいつかな？」 　　　子ども「夏！」
10:00	●グループに分かれる ●旬の食材分類遊びをする	●グループ分の食材カードと分類台紙（P.170）を用意	●グループごとに食材カードと分類台紙を配る ●旬の食材分類の遊び方を実演する ●分類に迷っていたら助言をし、楽しく遊べるように声をかけながら見てまわる
10:20	●食材分類遊びの答え合わせ		●秋～冬が旬になるなど、分類が難しいものは、どちらでも正解にする
10:30	●遊びの片づけ		●カードと台紙を回収する
10:40	●次週に行う野菜の収穫についての話を聞く	●収穫する野菜の写真、またはイラストを用意	●収穫する季節が、その野菜の旬であることを説明する（「7月に収穫するトマトの旬はいつ？」などの問いかけ）
11:00	●次週の収穫について話し合う		●収穫方法を説明をする
12:00	●給食で使っている食材の旬を考える	●給食に使われている食材を掲示	●給食に使用している食材の旬を教えながら、興味を促す

実践ルポ
旬の食材を見せたり、調理体験のあとに食べる

春にはたけのこの皮むき、夏には流しそうめん、畑で採ったきゅうりやトマトをすぐに食べたり、秋には園庭でさんまやさつまいもを焼いて食べたり、冬には鏡もちを作ったりしています。旬の食材を触ったり、調理の手伝いをして、季節と旬の食材がしっかり結びつくようでした。

実践の振り返り

●給食やおやつを食べながら、旬の食材を話題にしているかを確認しましょう。
●畑が近くにあれば、散歩などの際に、「今はトマトができているんだね」などの話題に触れてみるようにしましょう。

8月の食育実践案

  3〜5歳児

テーマ例
食事を五感で味わう
（食事の楽しみ方を広げる）

8月は暑さや水分のとりすぎで、子どもも食欲が減退しがちです。こういう季節だからこそ、食べ物を「五感」で味わうことで食事がより楽しくなることを伝えましょう。食べ物の味や匂い、見た目、手や舌で触れたときの感触、歯触りや調理のときの音などを子どもたちに言葉で表現させてみます。また、お泊り保育時には、子どもたちに夕食作りを体験させましょう。

8月の週ごとの食育実践計画 Weekly

週	目標・内容	保育のポイント	家庭との連携
1週目	●4月に行った「さわって当てよう・匂いで当てよう」ゲーム（P.168）を違う食材で行い、食材の感触や匂いの違いを知る。 ●「実際はどれくらいの大きさ？」クイズ（P.168）を行い、魚の大きさがわかる。	●ゲームやクイズでは夏の食材を出題し、食材の知識の幅を広げる。名前を当てるだけでなく、どんな感触か、どんな匂いなのかを言葉で表現させると興味が深まる。 ●給食で出る切り身魚の名前や切る前の大きさを知らせる。実物が用意できない場合は、模造紙などに実寸で描いて見せる。	●前月末に8月号の献立表を配布。 ●家庭でも給食の話題が出るように、毎日給食の展示を行う。 ●家庭でも、食事の準備の手伝いをさせて、食材を見たり触る機会を設けるように促す。
2週目	●お盆の行事食について知る。	●お盆のいわれや、なすやきゅうりで作る動物の意味を伝える。	●お盆休み中などに、いろいろな食事を体験できるように促す。
3週目	●口当たりや味、匂いなどを言葉で表現する遊びを通して、食の感想を友だちと共有する。 ●料理を作るときの音を表現できる。	●食材カード（P.171）や実物の食材を示して、口当たりや味、匂いなどを言葉で表現させる。 ●料理を作るときの音を聴かせ、言葉で表現させてみる。	●家庭でも、食事の際に「これはどんな味がする？」「いい匂いがするね」などの声かけをしてもらうよう促す。
4週目	●味を感じて、甘い・しょっぱい・苦い・すっぱい・旨いなどの表現ができる。 ●視覚・嗅覚・聴覚・味覚・触覚を使って、食事を味わう。 ●お泊り保育で夕食作りに挑戦する。	●給食時に、食事を味わいながら、味覚の表現をさせるように促す。 ●給食準備中の調理室の前に行き、「どんな匂いがする？」などと問いかける。 ●お泊り保育時の夕食作りでは、五感を使って作ったり味わったりするよう促す。	●いろいろな食材に触れて味わう体験をすることにより、食事への興味や味覚の向上が期待できることを伝える。

8月の ある日 の食育実践計画 Daily

組・人数	さくら 組／5 歳児／20 人
主な活動	さまざまな食材に触れる
ねらい	食材の見た目や味、食感など言葉で表現し、楽しむ

タイムスケジュール	子どもの活動	環境構成	保育者の対応・留意点
10：00	●食べ物に関するなぞなぞやクイズに答える	●食べ物なぞなぞ、クイズを用意する	●食べ物なぞなぞ（P.176～177）や食べ物の味、食感などのクイズを出し、食べ物への興味を引き出す
10：10	●調理時の音から、調理の様子を想像する	●調理中の音声を用意する（まな板の上で野菜を切る音、混ぜる音、鍋でコトコト煮る音など）	●調理をするときの音を聞かせて、どのような作業をしているのかの表現を引き出す
10：20	●食べ物の味や食感を自分の言葉で表現する	●食材カードまたは、食材の写真やイラストを用意する	●食材カードを1枚ずつ見せ、それぞれの味を言葉で表現するよう促す ●食材カードを1枚ずつ見せ、食感（口当たり）を言葉で表現するよう促す
10：40	●実物の食材に触れて、食べ物の様子を表現する遊びをする	●実物の食材を用意する	●実物の食材を触らせたり匂いをかがせながら、状態を言葉で表現するよう促す ●必要に応じてヒントを与える ●「おいしそうな味ってどんな味がするかな？」「いい匂いの食べ物ってあるかな？」などと投げかけ、発想を広げる
12：00	●給食を五感を使って食べ、友だちと発表し合う		●給食時に、五感を使って食べるよう促す ［例］視覚…「どんな味がしそうかな？」 　　　嗅覚…「どんな匂いがするかな？」 　　　味覚…「どんな味がするかな？」 　　　聴覚…「噛むとどんな音がするかな？」 　　　触覚…「これを触るとどんな感じかな？」 などと聞き、感覚を言葉にして実感させる

実践ルポ
給食の準備などで食材に触れ、匂いや色、感触を確かめる

収穫したとうもろこし、給食のたけのこ、たまねぎの皮むきや、えだまめを枝からもいだり、しめじの房を分けたり準備に参加しながら、食材に親しんでいます。「とうもろこしにはひげがあるんだね」「おいしそうな匂いがするね」など、視覚や嗅覚、触覚を研ぎ澄まして観察しています。

実践の振り返り

- 味や匂い、口当たりを感じながら食べているか、子どもたちの食事の様子に注目しましょう。
- 給食やおやつのときに、「シャキシャキしているね」「甘くておいしいね」などの感想が出るか見ましょう。

9月 の食育実践案

3〜5歳児

テーマ例
食で異世代交流をはかる
（長寿と食生活を知る）

9月の第3月曜日は「敬老の日」です。食を通じて異世代交流をはかるために、地域の高齢者や祖父母を招いて「食事会」を催してみるとよいでしょう。核家族化が進み、祖父母と関わる機会が少ない昨今、高齢者と触れ合うことは貴重な体験です。高齢者に健康と食事の関係や昔の食事やおやつなどについて話してもらい、日本の食文化や成り立ちを理解させましょう。

9月の週ごとの食育実践計画

週	目標・内容	保育のポイント	家庭との連携
1週目	●現在と昔の食事の違いを知る。 ●健康を保つためには、栄養の摂り方が大切であることを理解する。 ●高齢者と自分の違いを知り、思いやる心を育む。	●現在と昔（1940〜50年代）の食事やおやつの違いを、写真などを見せて伝える。 ●健康で長生きする秘訣は、食べ物が大きくかかわっていることを知らせる。 ●高齢になると、味覚や食欲の衰えや歯の欠損などの変化があることも伝える。	●前月末に9月号の献立表を配布。 ●家庭でも給食の話題が出るように、毎日給食の展示を行う。 ●祖父母がいる子どもに、昔の食事の話を祖父母に聞くように促す。
2週目	●高齢者と食事を共にすること通して、日本の食文化や成り立ちを知り、マナーやコミュニケーション力を高める。 ●健康や長生きに食が深い関わりがあることを理解する。	●異世代交流会の前日に、高齢者に質問したいことを考えさせる。 例：「○○さんが子どものときのおやつは何でしたか？」 「長生きできる秘訣は何ですか？」 「何を食べると元気になりますか？」 ●祖父母や地域の高齢者を招いて、異世代交流会の食事を行う。 ●異世代交流会で会話が少ない子には、子どもから質問を引き出す。	●異世代交流会の様子や子どもの感想を保護者に報告する。 
3・4週目	●高齢者が好む食事や、調理の工夫の必要性を理解する。 ●お彼岸のいわれやおはぎ、十五夜の行事や月見だんごについて、理解を深める。	●異世代交流会に参加してくれた高齢者にお礼の手紙や絵を贈る。 ●高齢者が好む食事や、調理の工夫の必要性を伝える。和食には健康によい食べ物が多いことも伝える。	●健康で長生きするのに効果的な食材を紹介する。

9月の ある日 の食育実践計画 Daily

組・人数	さくら 組 ／ 5 歳児 ／ 20 人
主な活動	高齢者を招待し、食事会で交流を楽しむ
ねらい	年長者をいたわり、思いやる心を育み、健康で長生きするための食を知る

タイムスケジュール	子どもの活動	環境構成	保育者の対応・留意点
前日まで	●敬老の日や高齢者の特徴について話を聞く ●交流会で高齢者に渡すプレゼントを作る ●交流会での高齢者への質問を考える	●プレゼントの材料を用意する ●会場の装飾物を用意する	●敬老の日や高齢者の食事について話し、自分と高齢者の違いを認識させる ●高齢者に渡すプレゼント作りの説明と製作の補助を行う ●昔はどのようなおやつを食べていたかなど、交流会での高齢者への質問を考えるよう促す ［例］「食と長寿」、「昔の食事・おやつ」などのテーマを設けると考えやすい
9：30	●交流会の準備をする	●席を準備する ●会場の装飾を行う ●交流会に至るまでの写真コーナーを設置する（写真を用意する）	●席を準備する子、装飾を行う子など係を分担できるよう、指示を出す ●準備が終わった子から、席に着くように促す
10：00	●高齢者を席に誘導する	※招待する高齢者は、子どもたちの祖父母、給食などの食材の提供でお世話になっている人（農家、食肉店、魚店、牛乳店、青果店など）、町内会の役員など	●高齢者を誘導し、全員着席したか確認する
10：10	●高齢者の話を聞く		●事前に高齢者の中から話をしてもらう人にどのようなことを話してほしいのかを伝えて、お願いしておく
10：30	●歌のプレゼント		●交流会の進行をする（歌、手遊びなど）
10：35	●高齢者と手遊びをする		
10：45	●グループごとに分かれ、高齢者に質問する		●会話の少ない子には声をかけ、質問や会話を引き出す
11：00	●給食の準備をする		●衛生面を十分配慮する
11：20	●高齢者と一緒に給食を楽しむ		●楽しい時間が過ごせるよう声をかけて見てまわる
12：10	●プレゼントを渡す	●子どもたちが作ったプレゼントを用意する	●プレゼントが全員に渡ったことを確認し、高齢者を玄関まで誘導する
12：20	●高齢者をお見送り		
12：30	●片づけをする		

ミニ知識
1950年頃の食生活

現代の多くの高齢者がスーパーやコンビニなどがない時代に幼少期を過ごしています。商店で個別に食材を購入するほか、野菜などを自給自足する家庭もありました。1950年頃は、たんぱく質は魚類や大豆製品などの植物性食品から主に摂取しており、肉類などの動物性たんぱく質の摂取は少量でした。1940年代に起きた戦争による食料配給制で貴重だった砂糖も普及しつつあり、子どものおやつには、果物やいもなどのほかに、カルメ焼き、水飴、キャラメル、せんべいなどのお菓子が食べられていました。

実践の振り返り

●高齢者と食事をしながら、会話ができていたか、高齢者の話を聞いたかなどの様子を見ましょう。
●異世代と交流する際に、マナーを守り、おもてなしや気づかいができていたかを、子どもたちとともに振り返ります。

3章 実践　月・週・日単位での食育　3〜5歳児 9月の食育実践案

10月の食育実践案

テーマ例
栄養を知り、バランスよく食べる
（食と健康の関係を理解する）

過ごしやすい季節を迎え、食欲が旺盛になる時期です。食事は体の成長や健康のために重要なことを理解させましょう。三色食品群は、食品の栄養を知る上で子どもにもわかりやすい分け方です。食品を、赤・黄・緑のグループ（P.172）に分類し、バランスよく食べることを伝えましょう。また、秋はいも掘りのシーズンです。掘ったいもはクッキング保育に活用してみましょう。

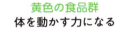
黄色の食品群 体を動かす力になる

緑の食品群 体の調子を整える

赤の食品群 体の血や肉をつくる

10月の週ごとの食育実践計画 Weekly

週	目標・内容	保育のポイント	家庭との連携
1週目	●給食で出された料理に使われている食材の名前を言える。 ●1日三食を毎日きちんと食べているか、振り返る。 ●いも掘りを行い、収穫の楽しさを実感する。 ●収穫したいもを使って調理をしたり、味わったりする。	●料理は、いくつかの食材が合わさってできていることを伝える。「食材カードゲーム」（P.169）を使って説明してもよい。 ●昨日の朝食、昼食、夕食を思い出させて、バランスよく食べたか確認させる。 ●いも掘りでは、いもの大きさに違いがあることに気づかせる。 ●いもを使って、はんこ作りや調理を行う。	●前月末に10月号の献立表を配布。 ●家庭でも給食の話題が出るように、毎日給食の展示を行う。 ●アンケート調査（P.179）を実施し、朝食の摂取状況を把握する。 ●いもを持ち帰る際に、いも料理のレシピを配布する。
2週目	●緑・黄・赤の三色食品群のそれぞれの栄養と働きを理解する（P.172）。 ●食材を三色食品群に分類することができる。	●三色食品群の説明をし、分類台紙と食材カードを使って分類する（P.172）。 ●給食のたびに、緑・黄・赤に分けて考えることを習慣づける。	●給食で使用した食材を三色食品群に分けて展示する。
3週目	●バイキング給食で、緑・黄・赤の大皿からバランスよく食材を選び、食べきれる分量を自分の皿に盛ることができる。 ●ハロウィンのいわれや食を知る。	●バイキング給食の準備を行う。緑・黄・赤の大皿に、三色食品群別に料理を分けて盛りつける。 ●バイキング給食の前に三色からバランスよく自分で選ぶように促す。 ●ハロウィンのいわれや行事食を伝える。	●家庭でも緑・黄・赤の大皿に分けて、料理を選ぶ練習を行うよう促す。
4週目	●健康な体をつくるには、どれくらいの栄養とそのための食品の分量が必要かを知り、食事に活かす。 ●秋の遠足を実施し、外で食べる楽しさを味わう。	●1日に必要な栄養量を食材などの数量を示しながら説明する。 ●1日の中で朝・昼・夕の三食に分けて食べることも大切であることを伝える。	●三色食品群の分類方法を説明し、遠足のお弁当では、三色食品群が揃っているかを子どもと確認しながら作るよう促す。

10月の ある日 の食育実践計画 Daily

組・人数	合同保育 組 ／ 4、5 歳児 ／ 40 人
主な活動	バイキング給食を楽しむ
ねらい	バランスよく食事を選び、みんなで楽しく食事をする楽しさを味わう

タイムスケジュール	子どもの活動	環境構成	保育者の対応・留意点
前週	●三色食品群の働きと分類方法を知る ●何人かのグループに分かれて、分類台紙と食べ物カードを使って食材を分類する ●給食時に三色食品群を意識しながら食べる	●分類台紙と食材カード（P.172）、または食材の写真やイラストなどをグループ数分、用意する ●給食に使用する食材を三色に分類して掲示する	●食材カードと分類台紙を使って、栄養の働きによって三色の食品群があることを説明する ●三色分類法で食材を分けてみるよう促す。必要に応じてヒントを出す ●給食を食べながら、「これは何色の仲間かな？」「赤の仲間は体の血や肉をつくるんだよね」などと声かけを行う
前日	●バイキング給食の話を聞く		●バイキング給食について説明し、期待を高める
10：30	●バイキング給食の話を聞く ●手洗いをし、エプロンを着用する	●配膳台とテーブルをセッティングする ●子どもの手の大きさに合わせた小さめのしゃもじやおたまを用意する	●バイキング給食の流れやルール（バランスよくとる、食べきれる量を皿に盛るなど）を伝え、三色食品群の確認をする ●バイキング給食の準備を行う。緑・黄・赤の大皿に、三色食品群別に料理を分けて盛りつける ●衛生面に十分配慮する
11：00	●食事をする部屋に移動する	●各テーブルにふきんを置く	●大皿に盛った料理にそれぞれ緑、黄、赤の札をつける
11：20	●配膳についての約束事を聞く ●大皿から緑、黄、赤の料理をバランスよく自分の皿に盛りつける	●献立に使用した食材を三色に分類し、展示する	●列が長くなりすぎないよう誘導する ●自分が食べられる量を盛りつけるように、注意を促す ●食事の量やバランスに偏りがないかを確認してまわり、助言や援助をする
11：45	●給食を食べる		

実践ルポ
三色食品群の分類遊びボードで楽しく身につける

いろいろな食材の写真の裏にマグネットを貼り、マグネットボードを使って、三色食品群の分類遊びをしています。今日の給食を三色に分けてみたり、バイキング給食の前に自分が食べたい食材がバランスがよいかどうか確認してみたりしています。

実践の振り返り

●意識的にバランスよく食べようとしているか、三色食品群や食べ物に含まれる栄養について興味を持っているかを子どもたちの様子から確認します。
●バイキング給食を楽しんでいるか、考えながら食品を選んでいるかを見ます。

11月の食育実践案 3〜5歳児

食事のマナーを知る
（自立心を育てる）

友だちと気持ちよく食事をするために必要な、食事のマナーを伝えましょう。みんなで食事をする際の「お約束」を子どもたち自身で考えさせたり、マナーのチェックリストで達成度を確認させると、子どもの自立心の育ちにもつながります。なお、食事のマナーは大人をお手本にして身につけていくものです。おたよりを通じて、保護者にもマナーの大切さを伝えましょう。

11月の週ごとの食育実践計画 Weekly

週	目標・内容	保育のポイント	家庭との連携
1週目	●食事の際に、「いただきます」「ごちそうさま」を元気に言い、食事を作った人に感謝の気持ちを持つ。 ●食事のマナー違反がわかる。	●「いただきます」と「ごちそうさま」のあいさつは毎食かかさずに、習慣づける。 ●「食事マナー間違い探し」（P.173）を個別に行い、マナー違反になる状態が理解できているかを確認する。	●前月末に11月号の献立表を配布。 ●家庭でも給食の話題が出るように、毎日給食の展示を行う。 ●食事のあいさつは家庭でも言うように促す。
2・3週目	●正しい姿勢で食事ができているか、給食時に友だち同士でチェックし合い、正しい姿勢を心がける。 ●はしの持ち方を理解する。 ●正しい鉛筆の持ち方を練習する。（はし1本を持つ練習） ●遊びを通じて、はしの持ち方の練習を楽しく行う。 ●食事のときにはしを正しく使える。	●ひじをつかず、背すじを伸ばし、足を床につけて食べる姿勢（P.173）の見本を、イラストや保育者の実演で見せる。 ●はしの持ち方をイラスト（P.174）を使って説明し、実際にお手本を見せる。 ●鉛筆の持ち方ではし1本を上下に動かす。 ●はし2本を持って、大きくてやわらかい物→小さくてかたい物を徐々につまむ遊びを提案する（P.174）。 ●はしで豆をつまむ、卵焼きを切るなど、食事でも練習する。ただし、個々の子どもの状態に合わせ、焦らずにじっくり行う。	●子どもは大人のまねをしたがるので、家族全員で食事のマナーに気をつけるように伝える。 ●家庭での食事もはしを使うようにすすめる。 ●はしを使って豆を皿から皿に移動する競争を行うなど、家庭でもできる練習方法を紹介する。
4週目	●食事のマナーを身につけ、人と楽しく食事ができる。	●食べ物をテーブルにこぼさないなど、人に不快感を与えずに食事をすることもマナーであることを自覚させる。	●家庭の食事や外食でも、マナーが身についているかチェックしてもらうよう促す。

11月の ある日 の食育実践計画 Daily

組・人数	すみれ 組 ／ 4 歳児 ／ 20 人
主な活動	手や指を動かす遊びを通して、正しいはしの持ち方、使い方を身につける
ねらい	はしの使い方に関心を持ち、正しい持ち方、使い方を習得する

タイムスケジュール	子どもの活動	環境構成	保育者の対応・留意点
10：15	●はしの持ち方、選び方、使い方を知る ●はしの使い方のお手本を見る	●はしの持ち方のイラスト（P.174）を用意する ●練習用のはしを人数分用意して配布する	●はしの持ち方イラストを見せて、はしの正しい持ち方、使い方を伝える ●はしの正しい使い方の見本を見せる
10：30	●グループに分かれ、はしを準備し、鉛筆の持ち方ではしを上下に動かす		●見本を見せながら正しくはしが持てているか、動かせているかを見てまわり、助言や補助をする
10：40	●はしを使ってスポンジや綿、毛糸をつまむ遊びをする	●5cmの長さの毛糸と5cm大の綿、3cm大のスポンジを皿に入れ、グループの数分用意する	●毛糸はスパゲッティーに、綿は綿あめ、スポンジは卵焼きなどのおかずやおやつに見立てると、想像力が広がり、はしや食べ物への興味がわきやすくなる ●持ちやすい綿→毛糸→スポンジの順に、はしでつまんでみるように指示を出す
11：00	●大豆をはしでつまんで皿から皿へ移す遊びをする	●皿に入れた大豆（1人5粒程度）と空の皿を人数分用意する ※大豆の代わりにおはじきやマカロニなどでもよい ●ストップウォッチ（秒針つきの時計）を用意する	●はしの扱いが慣れてきたら、1分間で大豆をいくつ移動できるか、練習させてもよい。ただし、急ぎすぎてはしの持ち方が悪くならないように注意する
11：30	●片づけ、手洗いをする ●給食準備		●練習用のはしを回収し、消毒する ●衛生面に十分配慮する
12：00	●はしを使って、食材をつまむ、切るなどしながら給食を食べる	●給食用のはしを用意する	●実際の食事の前に、はしの持ち方の見本を見せる ●正しいはしの持ち方を意識して食べるよう声をかける

実践ルポ
遊びを通じて食具に親しむ

スポンジやおはじき、貝、豆、ショートパスタなどをお皿からお皿へ移動させる遊びをしながら、はしやスプーン、トングを使う練習をしています。はじめは握るようにはしを持っていましたが、徐々に上手に持てるようになっています。

実践の振り返り

- はし使いの練習を嫌いになっていないか、できない子に声かけや個別指導ができていたかを確認しましょう。
- はしに苦手意識がある場合は、ままごと遊びや手指を使った遊びを増やしてみましょう。

12月の食育実践案

 3〜5歳児

テーマ例
食事の手伝いで行事を楽しむ
（一緒に作る楽しさを実感する）

クリスマス会やもちつきなど、子どもたちにとって楽しみな行事が多い月です。食事の準備や飾りつけ、もちつき体験など、さまざまな手伝いをすることで、「一緒に作ってみんなで食べる楽しさ」を実感させましょう。家庭でも、ホームパーティーや新年の準備、大掃除に参加することで、子どもに家族の一員としての自覚や自信をもたらします。

12月の週ごとの食育実践計画

週	目標・内容	保育のポイント	家庭との連携
1週目	●家庭で食事の手伝い（配膳、調理、片づけ、皿洗いなど）をしているか、振り返る。 ●炊事にかかわる過程（食材や食器の準備、調理、片づけ）を知り、作ってくれる人に感謝する。 ●テーブルや食器の並べ方、拭き方、洗い方を理解する。	●家庭での食事の手伝いをしていない場合は、使った食器を流しに持っていくことや、おはしや茶碗を並べることを提案し、実践するよう促す。 ●炊事にかかわる過程を教える。 ●配膳の仕方やふきんの使い方を実際に見せて、実践練習させる。	●前月末に12月号の献立表を配布。 ●家庭でも給食の話題が出るように、毎日給食の展示を行う。 ●家庭でも子どもが食事の手伝いに参加できるよう、保護者に協力を仰ぐ。
2週目	●お祝いの行事にはもちを食べる習慣があることを知る。 ●もちつきを行い、もち米の変化の様子を見たり、もちを丸めたりする。 ●いろいろな味でもちを味わう。	●お祝い行事にはもちを食べたり、配ったりする風習があることを伝える。 ●もち米からもちができることを伝える。 ●もちのちぎり方や丸め方を教える。冷めてしまうとかたくなるので注意する。 ●もちにつける味を選ばせる。	●家庭でもちを焼いて、もちが膨らむ様子を子どもと一緒に観察することを提案する。
3週目	●クリスマス会用の飾りつけや配膳を手伝い、クリスマス会でみんなと食事を楽しむ。 ●冬至のいわれを知り、理解を深める。	●クリスマスパーティーでのテーブルや部屋の装飾を考え、飾りつけをしてもらう。 ●冬至のいわれや、ゆず湯やかぼちゃの効能を伝え、季節と食のつながりを感じさせる。	●家庭でのクリスマス会や忘年会では、子どもにも準備を手伝わせるなど、行事を通して楽しく食べる体験をさせるよう促す。
4週目	●年越しそばのいわれを知り、理解を深める。	●年越しそばのいわれや、いつ食べるのかなどを伝える。	●家庭での大掃除やお正月の準備を子どもにも分担させるよう伝える。

12月の ある日 の食育実践計画 Daily

組・人数	合同保育 組 ／ 3～5 歳児 ／ 60 人
主な活動	お祝い行事にもちを食べることを知り、もちつきを体験する
ねらい	もちつきを通して行事と食の関わりを知り、みんなで一緒に作って食べる楽しさを味わう

タイムスケジュール	子どもの活動	環境構成	保育者の対応・留意点
前日まで	●お祝い行事にもちを食べたり配ったりする風習があることを知る ●もち米を見たり触ったりして感想を言い合う	●もち米を用意する	●行事にもちを食べる風習があること、もちつきに込められた思いなどを伝え、もちつきへの期待を高める ●もちはもち米からできていることを伝え、蒸す前の状態を見せて感触や匂いなどの感想を聞く
9:30	●エプロンに着替え、手を洗う	●調理室または園庭でもち米を蒸し始める	●エプロンに着替え、手を洗うように促す
10:00	●もち米が蒸される匂いをかぐ	●きねとうすを用意し、もちつきのセッティングを行う	●もち米が蒸される匂いをかぐために誘導する
10:30	●園庭に集まり、もちつきの説明や注意事項を聞く	●蒸されたもち米をうすに入れる	●もちつきについて説明し、実際についているところを見せる
10:40	●保育者のもちつきを見学する		●もちをつくときに合わせて、「よいしょ！」などと一緒に声をかけることを促し、子どもたちの参加の意欲を盛り上げる
10:50	●順番にもちつきをする ●もち米がもちになっていく様子を見る		●ひとつのうすにつき、保育者がひとりずつ立ち会い、安全面、衛生面に十分配慮する ●きねの持ち方ともののつき方を再度確認し、子どもの補助をしながらもちつきをする
11:15	●つきたてのもちを見る	●もちを置く台、皿、テーブルを用意する	●つきたてのもちを見せ、次の活動への期待を高める
11:20	●手を洗う		●手を洗うように促す
11:30	●もちのちぎり方、丸め方を知る ●もちをちぎり、丸める ●自分の好きな味を選び、味つけをする	●もちがくっつかないように、片栗粉などを台や皿などに敷きつめる ●もちを入れる皿、はしを用意する ●きな粉、しょうゆなど、味つけ別に容器を分けて、テーブルに置く	●もちのちぎり方、丸め方を見せながら説明する ●大きさや量が適切かどうか、声をかけながら見てまわる ※時間があれば、鏡もちをみんなで作る ●もちが熱い場合、やけどにも注意する ●味つけの説明をし、好きな味を選ぶよう促す
11:50	●会話を楽しみながら、もちをおいしく食べる		●楽しくもちを食べられるように導きながら、もちつきの感想を聞く ●もちをのどにつまらせないよう注意を促す
12:30	●片づけをする		●時間がたつと、もちはかたくなることを伝える

実践ルポ
もちつきを楽しんで食のすばらしさを体感する

もちつきを楽しみに作ったはちまきを巻き、もち米を蒸す様子を見たりみんなでおもちをついて、匂いや音などを体中で楽しみました。自分で丸めたできたてのおもちは格別なおいしさ。園児以外の親子や高齢者施設など地域のお客様もお迎えした楽しい行事です。

実践の振り返り

●全員が時間内に安全にもちつきに参加できたかを確認する。
●正月にもちを食べたり、どんな味のもちを食べたいかなど、もちつきを通じて、もちや行事への興味が広がったかを確認し、保護者に伝えましょう。

1月 の食育実践案

3〜5歳児

テーマ例
伝統料理や郷土料理に親しむ
（食に込められた願いを理解する）

お正月は、おせち料理やお雑煮など、多くの家庭で伝統料理や郷土料理が登場します。冬休みに食べたものの話を通じて、古くから引き継がれてきた料理に、人々のどんな願いが込められているのかを教えましょう。七草がゆや鏡開きも「食」にかかわりが深い年明けの行事です。それぞれ、どんな意味があるのかを紹介し、日本の伝統食に興味を持たせましょう。

1月の週ごとの食育実践計画 Weekly

週	目標・内容	保育のポイント	家庭との連携
1週目	●正月の行事食を振り返り、食に込められた願いへの理解を深める。 ●七草がゆの意味を知る。	●正月料理（おせちや雑煮など）のいわれや込められた願いについて話す。 ●七草を見せながら、七草がゆのいわれと行事食について話す。 ●給食で七草がゆを提供する。	●前月末に1月号の献立表を配布。 ●家庭でも給食の話題が出るように、毎日給食の展示を行う。
2週目	●鏡開きの意味を知り、食べ物に込められた願いを知る。 ●郷土料理に何があるかを知る。	●鏡開きのいわれを話し、園でも鏡開きを実施する。 ●自分たちが暮らす土地の郷土料理にはどのようなものがあるのかを伝える。	●郷土料理にはどのようなものがあるのか、アンケートを実施する。
3・4週目	●郷土食かるたなどを通じて、郷土料理や地元の名産品への興味を持つ。	●地元で採れる野菜や名産品、郷土料理にまつわる郷土食かるたを、子どもたちと考え、製作する。（文章に合う絵札を子どもが描く、または写真を利用する） ●かるた大会を行う。	●郷土食かるたの読み札の文を子どもと一緒に考えてもらうよう協力を仰ぐ。

実践の振り返り
- 自由遊びの時間にかるたをやりたがっているか、読み札を暗記したり、口ずさんだりしてかるたに親しんでいるかなどの様子を見ましょう。
- 郷土食に興味を持つようになったか、給食などで地元の食材が出てきたら、「かるたの文に書いてある食べ物だね」などと声をかけて習得できたか観察しましょう。

1月の ある日 の食育実践計画

組・人数	さくら 組 ／ 5 歳児 ／ 20 人
主な活動	郷土食かるたを製作し、かるた大会を行う
ねらい	地域の産物とそれを活かした料理を知り、郷土への親しみを持つ

タイムスケジュール	子どもの活動	環境構成	保育者の対応・留意点
1～2週間前	●郷土料理について話を聞く ●地域で採れる野菜や名産品の写真を見る ●郷土料理や名産品の文章や、それに合う絵を描いて、郷土食かるたを製作する	●地域の名産品や郷土料理の写真を用意する ●かるたの札用の厚紙、鉛筆、カラーペンやクレヨンなどを用意する 【かるた文例】 「おぞうには　まるもち　みつばが　はいってます」 「べにあずま　○○○しの　とくさんひん」 「いもにかい　おおきな　おなべで　ぐつぐつ　にるよ」	●地域で採れる野菜や名産品の写真を見せ、クイズなどを織り交ぜながら郷土食について伝える ●郷土料理や名産品にまつわるかるたの内容を子どもと一緒に考える ●内容が決まったら、読み札の文章を、分担して考えさせる ※文章は短めに、テンポよく ※郷土食が少ない場合は、行事食かるたや食材かるたなどでもよい ●文章が決まったら、分担して読み札を書く （鉛筆の持ち方を伝え、正しく持って書くように促す。はしの持ち方の基本が鉛筆の持ち方なので、はしの練習にもなる→P.174） ●郷土食かるたの文章に合う絵を描くよう促す
10：00	●郷土食かるた遊びのルールを聞いて理解する	●郷土食かるたをグループ分用意して配る	●見本を見せながら、遊び方やルールの確認をし、かるた大会への期待が高まるよう声をかける ※「読み始める前は必ず手をひざに置く」などのルールを事前に決めておく
10：10	●4人ぐらいずつのグループに分かれて、かるたの絵札を並べる	※かるたは、1セット製作後にコピーして増やす、またはグループごとに1セットずつ作っておく	
10：20	●かるた大会を楽しむ		●速度やテンポを変えるなど、子どもたちが楽しくかるた大会に参加できるよう読み方を工夫する ●各グループを見てまわり、助言や補助をする ●文字を読める子に読み手になってもらってもよい
11：30	●片づけ		

3章 実践　月・週・日単位での食育 ▼ 3〜5歳児 1月の食育実践案

実践ルポ
かるたで郷土食と食育を学ぶ

「あわ食育かるた」は「幼い頃から地元徳島ならではの食材に興味を持ってほしい」という願いのもと、県教育委員会、栄養教諭、高校生、幼稚園児が一緒になって作成しました。三色食品群・徳島に関する物・そのほかで枠を色分けし、食育指導もできるようになっています。

絵札

読み札（表）
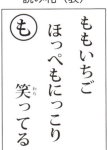

読み札（裏）

「あわ食育かるた」ダウンロードページ。徳島県立徳島科学技術高等学校ホームページ
http://tokushima-hst.tokushima-ec.ed.jp/download/karuta/

2月 の食育実践案

3〜5歳児

テーマ例
食べた物ゆくえを知る
（消化・吸収のしくみを知り、食事のリズムを身につける）

季節の変わり目で体調を崩しやすい時期です。丈夫な体をつくるために積極的にとりたい食品や、その栄養について伝えましょう。さらに、食べ物がうんちとして排出されるまで体の中でどんな経過をたどるのか、消化吸収の仕組みを紹介し、食と健康についての理解を深めます。節分には、豆まきに「体から邪気（病気）を追い払う」という意味があることも教えましょう。

2月の週ごとの食育実践計画

週	目標・内容	保育のポイント	家庭との連携
1週目	●節分のいわれを知り、豆まきを行う。 ●大豆の効能について知り、大豆を食べる。	●節分のいわれと、いわしや大豆、恵方巻きなどの行事食を伝える。 ●子どもに豆まき用の鬼のお面を製作させる。 ●大豆にはどんな栄養があるのか伝える。	●前月末に2月号の献立表を配布。 ●家庭でも給食の話題が出るように、毎日給食の展示を行う。
2週目	●冬の旬の食材を知り、積極的に食べて、丈夫な体になるように心がける。	●冬が旬の食材や、丈夫な体をつくる食材にはどのようなものがあるのかを伝える。	●家庭での食卓でも体を温める食事や、栄養が豊富なメニューが並ぶように、食材の知識やレシピ案を提供する。
3・4週目	●食べ物が体の中でどのように消化・吸収されていくのかを知る。 ●うんちやおしっこの状態について理解を深める。 ●よいうんちが出るように、食事に気をつける。	●「食べた物はどこへいくのかな？」（P.175）のイラストや食材カードを使って、食べた物が体内でどのように消化・吸収されるのかを説明する。 ●自分のうんちやおしっこが健康状態を表すことがあることを伝える。 ●よいうんちを出すために、食事の大切さを伝える。どんな物を食べたらよいのかも伝える。また、適度な運動も、よい便通につながることを伝える。	●うんちが健康状態をはかる目安になることを保護者に伝え、子どものうんちの状態を把握してもらう。 ●園や外出先で排便ができずにがまんする子も多いので、便秘への注意を促す。 ●よい便通のために、栄養のバランスを整えたり、規則正しい生活を心がけるよう促す。

2月の ある日 の 食育実践計画 Daily

組・人数	合同保育 組 ／ 4〜5 歳児 ／ 40 人
主な活動	食べた物はどこにいくのか話を聞いて、考える
ねらい	消化・吸収のしくみを知り、自分が食べた物の栄養が丈夫な体をつくることを知る

タイムスケジュール	子どもの活動	環境構成	保育者の対応・留意点
10:40	●食べた物がどうやって体の中に運ばれていくのか、イラストを見ながら話を聞く	●「食べた物はどこへいくのかな？」の人体イラスト、「食材カード」、「うんちカード」を用意する（P.175）	●食べた物が体内でどう吸収されるか、イラストを指し示しながら各器官の役割を説明する（P.175）
10:55	●小腸の長さを実感し、体の中で食べ物がゆっくり消化されていることを知る ●消化・吸収されて、血や皮膚、歯などの材料になった残りがうんちであることを知る	●5mぐらいのひも、またはチューブを用意する 【小腸の長さ】 子ども約5m、大人約6〜7m 【大腸の長さ】 子ども約1m、大人約1.5m ※長さには個人差がある	●小腸の説明では、ひもを見せながら長さを伝え、長い時間をかけて消化することを理解させる ●うんちが排泄されるまでに約24時間かかることを伝える ※食材によって消化される時間が変わる
11:05	●食べ物や食べ方によって、出るうんちの状態が変わることを知る	●「食材カード」、「うんちカード」を取り出す（P.175）	●食材カードを見せ、「これを食べるとどんなうんちになるかな？」などと質問をし、考えるよう促す （さつまいも）…よいうんちになる、ちょうどいいかたさのうんちになる （すいか）…水っぽいうんちになる、やわらかいうんちになる、下痢をすることがある ●水分や栄養バランスによって、うんちの状態が変化することを伝える
11:15	●健康なうんちを出すにはどうしたらいいかを知る ※時間があれば、おしっこの話も聞く。 水分を多くとるとおしっこがたくさん出ることなど	●消化が早い食べ物（野菜や果物など）と消化が遅い食べ物（バターや肉など）の例を、イラストまたは実物の食材で掲示する ※食べ物は下記の順に早く消化する ①果物 ②野菜 ③炭水化物（ご飯、うどん、パンなど） ④たんぱく質（卵、魚、肉など） ⑤脂質（サラダ油、バターなど）	●「うんちカード」を使って、うんちの状態の説明（P.175）をし、「バナナうんち」が健康なうんちであることを伝える ●「健康なうんちを出すにはどうしたらいいかな？」などの質問を投げかけて考えさせる 【解説の概要】 ●消化が遅い食べ物は体に負担をかけるので、とりすぎないこと ●バランスよく食事をとること ●1日三食を規則正しく食べること ●よく噛んで食べること ●十分に睡眠をとること　など
11:30	片づけ		●毎日うんちの観察をしてみるように促す

実践ルポ
うんちの観察記録をとることで食事を気にするようになる

うんちの観察をして、カードに1週間記入してもらいました。バナナうんちは健康、カチカチうんちや出ない日は、野菜や水分を多めにとろう、ドロドロうんちのときは体に優しくと伝えました。バナナうんちをめざすうちに、食事の中身を気にする習慣が身につきました。

実践の振り返り

- 給食を食べながら、「今どの辺りに食べ物があるかな？」などの質問を投げかけて、自分の体と食べ物のゆくえを意識させましょう。
- うんちの頻度や状態を観察させて、結果を聞いてみましょう。

3月 の食育実践案

3〜5歳児

テーマ例
成長を自覚し、食事に感謝する
（1年間の食生活を振り返る）

1年間の総まとめを行う月です。好き嫌いが減ったか、食事のマナーを守っているかなどを子ども自身でチェックしましょう。また、1年間を振り返って特に楽しかった食事やおいしかった食べ物を発表し合い、食材や調理をしてくれた人へ感謝の気持ちを表します。リクエスト給食やお別れ会では子どもたちと準備をし、思い出に残る楽しい会食にしましょう。

3月の週ごとの食育実践計画 Weekly

週	目標・内容	保育のポイント	家庭との連携
1週目	●ひな祭りの行事食（はまぐりのお吸い物、ちらし寿司、ひしもち、ひなあられなど）について理解を深める。 ●おいしかった給食を思い出し、感想を述べ合う。 ●食べたい献立を自分たちで考える「リクエスト給食」の内容を栄養バランスを考えて作る（5歳児）。	●ひな祭りのいわれと、行事食を紹介する。 ●給食やおやつでひな祭りの行事食を提供する。 ●おいしかった給食を思い出しながら、作ってくれる人に感謝の気持ちを持たせるよう促す。 ●栄養バランスのよい食事とは何かをあらためて説明する。	●前月末に3月号の献立表を配布。 ●家庭でも給食の話題が出るように、毎日給食の展示を行う。
2週目	●リクエスト給食の際のテーブルコーディネートを考え、準備する。	●テーブルコーディネートで使う材料を揃え、補助する。	●1年間の食生活を振り返るアンケートを保護者に配布し、協力を仰ぐ。(P.179)
3週目	●お別れ会でリクエスト給食を味わう。 ●お彼岸のいわれを知り、ぼたもちを食べる理由などを知る。	●お別れ会の進行表を作り、当日の係の分担を決めて指示する。 ●リクエスト給食の感想を募る。 ●お彼岸のいわれとぼたもちやおはぎを食べる理由や、それぞれの違いを説明する。	●アンケートを回収し、集計する。
4週目	●1年間の食事について振り返り、成長できた点と反省点を捉える。 ●新しい学年に向けて、食生活の目標を持つ。	●1年間の食生活をチェック表を使って振り返らせるとともに、個々の成長を確認して、ほめる。 ●新年度での食育目標を決める。	●アンケート結果やリクエスト給食の様子を、おたよりで通知する。

3月の ある日 の食育実践計画 Daily

組・人数	さくら 組 ／ 5 歳児 ／ 20 人
主な活動	リクエスト給食の献立を考え、味わう
ねらい	作ってくれた人に感謝しながら、リクエスト給食を楽しむ

タイムスケジュール	子どもの活動	環境構成	保育者の対応・留意点
2週間前	●保育園生活の中でおいしかった給食を思い出して、感想を述べ合う ●栄養バランスのよい食事とはどういうものか、保育者の質問に答えたりする ●そのうえで、リクエスト給食で食べたいメニューを話し合う	●子どもたちと話し合ったリクエスト給食の献立を栄養士や調理員に伝える ※献立を栄養士や調理員に伝える時期はあらかじめ確認しておく	●子どもたちにおいしかった給食を思い出して、感想を述べてもらう ●給食を作ってくれた人たちに感謝するように促す ●三色食品群をおさらいし、栄養バランスのよい食事とは何か、子どもたちに質問をしながら説明する ●子どもたちにお別れ会でのリクエスト給食で食べたい物を話し合うよう促す ●子どもたちが話し合った食べたい物を確認しながら、バランスのとれた献立案を子どもたちで作るように導く（主食、汁物、主菜、副菜、デザートをそれぞれ考える）
1週間前	●給食を作ってくれる人に感謝する ●保育者（または4歳児）からお別れ会の招待状をもらう	●お別れ会のテーブルコーディネートの準備をする ●お別れ会の招待状を用意する	●お別れ会で給食を作ってくれる人に感謝の手紙を読むための原稿をみんなで考える ●ひとりずつにお別れ食事会の招待状を手渡して、お別れ会の期待を高める （4歳児クラスにお別れ食事会の招待状を作成してもらってもよい）
10：00	●お別れ会について話を聞く	●お別れ会の装飾、セッティングをする	●お別れ会の進行ついて、子どもたちに伝える
10：30	●ホールに集まり、お別れ会に参加する		●お別れ会を進行する
11：20	●給食準備	●給食を配膳する	
11：45	●給食を作ってくれた人に感謝の手紙を読む ●食材や調理してくれた人に感謝の気持ちを持って給食を食べる	●感謝の手紙を用意する	●感謝の気持ちを持つことを伝え、友だちと一緒に給食を食べる楽しさを十分味わえるよう言葉かけをする ●食べながら、「食べられるようになったもの」、「できるようになったこと」などを振り返るよう促す
15：00	●リクエスト給食の感想を募る		

アドバイス
リクエスト給食の献立の決め方

❶ 給食の中から、一番好きな給食を子どもに聞き、集計します。
❷ ❶を主食、汁物、主菜、副菜、デザートに分けます。
❸ ❷を三色食品群に分けます。
❹ 皆で話し合いながら、栄養バランスも考えて、主食、汁物、主菜、副菜、デザートを決めます。

実践の振り返り

● お別れ会やリクエスト給食の感想を聞き、次年度に活かしましょう。
● 1年間の食生活を振り返り、成長できたことや反省点を子どもたちから聞きましょう。それをふまえて、新年度の目標も立てましょう。

3～5歳児
「レストラン給食」での食育実践案

定番テーマによる食育実践のねらいと進め方を紹介します。各項目の目標や実践内容などに関する年齢は、あくまで目安です。子どもの発達を押さえながら、みんなが関心を持って主体的に関われるイベントを行いましょう。

「レストラン給食」の 目的・育つ力

レストラン給食の目的のひとつは、子どもがそれぞれの役割を果たしながら他者とかかわっていくことです。
レストラン給食では、レストランの看板やメニューなどを作成することで、社会の中での食の提供のしくみを疑似体験します。また、自分の意見を他者に伝えたり、他者の視点で物事を考える力を伸ばし、友だちと協力して何かをやり遂げる達成感をもたらします。客と店員の役になり、やり取りをすることで、その場にふさわしい会話をするコミュニケーション力も培われます。社会のルールや食事のマナーなどを身につける機会にもなります。

計画のポイント

- 「レストラン」という非日常的な形での食事は、子どもたちに特別感をもたらし、食事への集中力を持続させる効果があります。
- メニューやお金を事前に製作しておけば、レストラン給食は随時開催できますので、「集中力を高めたいな…」という日などに行ってみてもよいでしょう。
- 給食を使う場合は、メニューは1種類しかないことも子どもに伝えます。
- 異年齢でも行えます。その場合は低年齢児はお客役などスムーズに進行できるように役割分担を決めましょう。

年齢別の 目標と役割

	目標	役割	留意点
3歳児	●共食の楽しさを味わう ●食事のルールを守る	お客	●案内役に従って、席に着く ●料理が出てくるまで、立ち歩かない
4歳児	●共食の楽しさを味わう ●食事のマナーに気をつける ●メニューや注文を通して、文字や数字に興味を持つ	お客	●事前準備の手伝いをする ●帰り際に「おいしかったです」などの感想を店員役に述べる
5歳児	●お客さん役の子と会話を楽しむ ●おもてなしの心を養い、人の役に立つ喜びを味わう ●メニューやお金の製作を通じて、文字や数への理解を深める	案内係、注文係、配膳係、レジ係など	●「いらっしゃいませ」「ご注文は何になさいますか？」など、ていねいな言葉を使うようにする ●料理を運ぶ際には落とさないように、注意する

「レストラン給食」での食育実践計画 3〜5歳児

組・人数	合同保育 組 ／ 3〜5 歳児 ／ 60 人
主な活動	レストラン給食を通して、食事を味わう
ねらい	自分の役割を理解する。人との会話を楽しみながら食べる

タイムスケジュール	子どもの活動	環境構成	保育者の対応・留意点
前日まで	●メニューやお金を作成する（5歳児） ●会場の準備をする（4歳児※当日でも可）	●メニューやお金の材料を用意する	●レストラン給食の説明をする ●文字や数字を教える ●メニューやお金作りの説明をし、製作の補助をする ●レストラン給食での役割を分担する
10:00	●5歳児は店員の身支度を整える	●店員用のエプロンや三角巾、帽子などを各自用意する（5歳児）	●店員の身支度の補助をする ●3、4歳児がスムーズに席に着けるように会場の流れを誘導する ●音楽を流す ●3、4歳児が、きちんと注文できているか、状況を把握する ●注文と配膳の間違いがないか、確認する
10:30	●3、4歳児を5歳児が席に案内する（「いらっしゃいませ」「何名様でしょうか？」などとあいさつ）		
10:40	●メニューを見せて、注文をとる（5歳児）	●メニューを用意する ※給食なので献立は1種類でもよいが、大盛り、ふつう、少なめなど、分量を選ばせてもよい	●3、4歳児は、会話をしながら、料理が届くのを待つ。立ち歩かないようにルールを決めて守るように促す ●盛りつけの際の見本を掲示して、多すぎや少なすぎを防ぐ ●3、4歳児には5歳児の様子を見せながら、「年長さんはすごいね」「お仕事してかっこいいね」などの声かけを行う ●5歳児もレストランでの食事が楽しめるように分担を整える ●調理員も5歳児の配膳が滞っていたら手伝う
10:50	●注文をとったら、料理をよそう係の所へ行き、注文を伝える（5歳児）		
11:00	●スプーンやはしを並べ、飲み物を運ぶ（5歳児）		
11:15	●配膳する（5歳児） ●配膳された人から食事を始める（3、4歳児） ●5歳児は、自分で皿に盛りつけてから食事をとる（レジ係は早めに食べ始める）	●子どもの手の大きさに合わせた小さめのしゃもじやおたまを用意する	
12:00	●食事を終えた子から、レジでお金を支払う ●「ごちそうさま」「おいしかった」などの感想を伝える（4歳児）	●レジの用意 製作物のお金を用意し、お客役の3、4歳児に持たせる	●混雑するので、順番にレジに向かわせてもよい
12:15	●片づける（5歳児）		●おやつの時間などに5歳児と反省会を開く

実践別案
カフェテリア形式の給食

レストラン給食の別案として、10：30〜12：00までの好きな時間に食事室に行き、自分が食べたい分量を当番に申告してよそってもらい、好きな席に着いて食べる、というカフェテリア形式で行うのもよいでしょう。
これは、各自が「おなかがすいた」という自覚を持って行動し、自分が食べられる適量を認識するという効果があります。

実践の振り返り

- 5歳児がスムーズに案内や配膳ができていたか確認しましょう。
- 3、4歳児が楽しく会話をしながら待ったり食事ができていたかを確認しましょう。
- 5歳児のよかった点はほめ、できなかったことは次回の目標にしましょう。

3〜5歳児
「栽培活動」での食育実践案

「栽培活動」の目的・育つ力

近年は、野菜をはじめとした食材の季節感が希薄になり、食卓に加工食品が並ぶ機会も増えてきました。そのような環境の中、園で食材の栽培を行うことは、子どもたちが食と自然のつながりを実感できる絶好の機会です。自分たちで種や苗を植えて、世話をして、収穫することは、食べ物をつくることの大変さを理解させ、食べ物の「命」をいただくことへの感謝の気持ちを育てます。
自分で育てた食材は、子どもたちにとって特別なものです。収穫物は、できるだけ原形がわかるようシンプルに調理し、みんなで旬の味を味わいましょう。

計画のポイント
栽培活動では、以下のことに留意して、計画を立てましょう。

point 栽培時期などを調べて
栽培に適している時期や期間、手入れのしやすさを調べてから、何を栽培するのかを決めましょう。子どもたちに選ばせてもよいです。広い畑がなくてもプランターでできる野菜もありますので、食材を育てる喜びを味わわせてあげてください。

point 細かい栽培法は専門家に聞く
土の耕し方・畝の作り方・種や苗の選び方・植え付け方・肥料や水のやり方・害虫よけの方法・除草の仕方・収穫時期の見極め方など、わからないことは、経験がある人や専門家の協力を仰ぎましょう。

プランターで栽培できる野菜の例
ミニトマト・きゅうり・なす・ピーマン・こまつな・ほうれんそう・じゃがいも・ラディッシュ・おくら・ねぎ・リーフレタスなど

point 収穫物はほかの食育（イベント）につなげる
栽培後に、収穫物を使ったクッキング保育につなげたり、製作遊びをするような計画を立て、育てた食材を食べる喜びや感謝する心、加工する工夫など育みましょう。

実践の振り返り
- 協力しながら植え付けができたか
- 水やりなどの世話ができたか
- 腐らせずにうまく収穫できたか
- 栽培の過程が理解できていたか
- 収穫した後、感謝しながら食べていたか
- 育てた食材に興味を持っていたか

「栽培活動」での食育実践計画 3歳児

組・人数	ゆり 組／3 歳児／20 人
主な活動	さつまいもを栽培する
ねらい	食べ物のでき方を知り、育てて収穫する喜びを経験する

タイムスケジュール	子どもの活動	環境構成	保育者の対応・留意点
5月中旬	●さつまいものでき方を知る	●さつまいもができるまでのイラスト（P.166）または写真を用意する	●さつまいもを栽培することを伝え、さつまいもができるまでの様子を、イラストや写真などを用いて説明する
5月中旬	●栽培活動の注意点を聞く ●土を耕す ●土を寄せて畝を作る	●肥料、スコップを準備する ※マルチング（黒いマルチや藁で畝を覆う）をしてもよい	●さつまいも栽培の注意点を伝える ●見本を見せながら、土の耕し方や畝の作り方を説明する
5月下旬 （土を耕してから約1週間後）	●さし苗（根なし）を植える ●水と肥料を与える ●その後、発根するまで（約7〜10日間）、水やりをする	●さつまいもの苗、肥料、スコップ、じょうろなどを準備する	●見本を見せて、苗の植え方を説明する ●水と肥料の与え方を説明する ●根づくまでは水やりをすることを伝える ●水やりの時間を決めて、子どもとともに定期的に行う
6月中旬	●発根を観察する ※以降、水やりはほぼ不要	※基本的に追肥は不要 ※水が多いと病気にかかりやすくなる	●発根の状態をよく見るように促す
7月下旬	●繁った葉を観察する ●定期的に除草をする ●つる返しをする ※以降、定期的に行う	つる返し：横に広がったつるを持ち上げ、株もと以外から出る根を土から引きはがす。不要な根を切る	●除草やつる返しをしないと、栄養が分散してしまうことを伝える ●本州では花がつきにくいため、咲かないことがあることも伝えておく
9月下旬 （植え付けから約4か月後）	●試し掘りをする ※保育者が代表して行ってもよい		●植え付けから4か月後ぐらいに、試し掘りをして、大きさを見る （ベニアズマの場合は25cm程度）
10月初旬	●収穫する （葉や茎が黄色に変わってきたら収穫）	●スコップ、持ち帰るための袋を準備する	●収穫は晴天の日が数日続いた後に行う（雨のあとだとさつまいもが水分を吸って腐りやすくなる）
10月中旬	●さつまいもを使ったクッキング保育を行う ●さつまいものスタンプ遊びをする		●P.90の「スイートポテト」作りにつなげる

主に準備する物

さし苗（太めの茎で、葉に厚みがあり、葉の色がよいもの。品種：ベニアズマ、鳴門金時など）・黒マルチ（必要に応じて）・肥料・くわ・スコップ・水・じょうろなど

＋αの実践案

収穫したさつまいもでスタンプ遊び

いも掘り後は、クッキング保育につなげるほか、余ったさつまいもの端でスタンプ（いも判）を作り、スタンプ遊びを楽しみましょう。3歳児には刃物の使用はまだ危険ですので、保育者が絵を彫ったものや、さつまいもを輪切りにした断面に絵の具などをつけて、紙にスタンプを押しながら絵を描かせてみるとよいでしょう。

「栽培活動」での食育実践計画 　4歳児

組・人数	すみれ 組 ／ 4 歳児 ／ 20 人
主な活動	ミニトマトを栽培する
ねらい	食べ物のでき方を知り、育てて収穫する喜びを実感する

タイムスケジュール	子どもの活動	環境構成	保育者の対応・留意点
5月上旬	●ミニトマトのでき方を知る	●ミニトマトができるまでのイラストや写真を用意する	●ミニトマトを栽培することを伝え、ミニトマトができるまでの様子を、イラストや写真を用いて説明する
5月上旬	●マイじょうろを製作する ※じょうろは水鉄砲になるので水遊びにつなげてもよい	●人数分の空のペットボトル（500ml）、油性のカラーペンを用意する	●ミニトマト栽培時の水やりに使うじょうろを製作することを伝える ●ペットボトルに、自由に絵を描かせて、ふたに小さな穴をあけて、じょうろにする
5月中旬	●ミニトマトの栽培方法を聞く ●苗を植え付け、肥料と水を与える ●苗のそばに支柱を立てる ●水やり当番を通して、責任感を育む	●土、肥料、苗、水、プランター、シャベルを用意する ※ミニトマトは種から育てるのは難しいが、種から苗を育てるには約2か月かかる ※水やりは土が乾いていたら随時行う	●ミニトマト栽培方法と注意点を伝える ●苗の植え付け方を教える ●水やり当番を決め、当番の子どもに声かけをして、水やりをする（個別に栽培している場合は、日にちを決めて水やりを行う）
6月上旬	●茎が伸びてきたら、支柱にひもで結び、誘引する ●葉が込み合ってきたら、葉を間引く（わき芽を取る）	※葉の付け根から出てくるわき芽は、生長の妨げになるので、手で摘み取る	●茎が生長して重みで倒れてしまうのを防ぐために支柱を立てることを伝える ●わき芽を取る理由や主枝との見分け方、取り方を伝える
6月中旬 (植え付けから約1か月後)	●黄色い花が咲く様子を観察する		●黄色い花が咲くことを伝える
7月初旬 (花が咲いてから約20日後)	●緑の実ができる様子を観察する	※実をつける頃に肥料を追加する	●実が緑色から赤色に変化することを伝える
7月下旬～	●収穫する（実が赤くなり、がくが反り返ったら収穫） ●ミニトマトの収穫直後に、食べて味わう	※収穫の時期が遅れると、実が割れたり、落ちたりするので注意	●収穫の仕方を教える ●ミニトマトは丸飲みしやすいので、注意。半分に切って、配布するとよい
収穫後	●ミニトマトを使ったクッキング保育を行う ●ミニトマトの絵を描く		●P.91「ピザトースト」作りにつなげる ※ほかに、トマトスパゲッティー、トマトスープなどにも活用できる ●ミニトマトを観察して、絵を描くよう促す

主に準備する物

種または苗（節の間隔が短くて茎が太く、色が濃くて葉に厚みがあるもの。品種：アイコ、など）・プランターまたは鉢（畑で栽培の場合は不要）・培養土・肥料・支柱・ひも・シャベル・水・じょうろなど

+αの実践案

買い物に行く

ミニトマトの苗を、お店に買いに行って選んだり、収穫後のクッキング保育ではミニトマト以外に必要な材料を買いにみんなでスーパーマーケットに行くのもよいでしょう。

「栽培活動」での食育実践計画 5歳児

組・人数	さくら 組 / 5 歳児 / 20 人
主な活動	バケツで米を栽培する
ねらい	食べ物のでき方を知り、協力して育てる喜びや苦労、命をいただくことの大切さを実感する

タイムスケジュール	子どもの活動	環境構成	保育者の対応・留意点
4月	●米のでき方を知る	●米ができるまでのイラストや写真を用意する	●米を栽培することを伝え、米ができるまでの様子をイラストや写真を用いて説明する ※協力してもらえる農家があれば、田植えをしている様子を見学に行く
4月	●種もみから発芽させる ●種もみをまく	●種もみ、水、浅い容器、土などを用意する ●毎日水をやる	●水を入れた容器に種もみを入れ、発芽させる ●浅い容器に土を入れ、種もみをまき、土をかけて、15㎝くらいの苗になるまで育てる
5月	●土を準備する ●バケツに水を入れ、土と水を混ぜる ●苗を移し替える ●分けつが進む様子を観察する	●土、水、肥料、バケツ、シャベルなどを用意する ※苗が約15㎝になったら、2、3本ずつ植え付ける	●土を崩してやわらかくする ●苗の植え付けの仕方を説明する ●分けつの説明をして、観察するよう促す ※分けつ：茎の根元から新しい茎が生えてきて20本ぐらいになる
6月 7月	●雑草をこまめに抜く ●中干しをする（水を抜いて、土を乾かす。1〜2日間）	※分けつが終わった頃（茎が約20本、約50㎝ぐらい）になったら、中干しをする	●子どもたちと草取りをする ●中干しを行う意味や仕方を説明する ※中干し：土の中に酸素が行きわたり、根が水を求めて深く伸び、丈夫になる
8月	●出穂や開花の様子を観察する		●穂が出て数日で花が咲くことを伝える ※朝の数時間しか咲かないので注意
9月	●鳥から稲穂を守る ●バケツの水を抜く（収穫1週間前） ●稲の収穫をする	●かかし、きらきら光るもの、防護網などを用意する ※稲穂がかたく黄色くなったら収穫 ●稲刈り用の鎌またははさみを用意する	●鳥が食べてしまう恐れを説明する ●かかしなどを子どもたちと作って立てる ●稲の刈り方を手本を見せながら説明する ※鎌の扱いに注意する
10月	●稲を干す（約10日間） ●脱穀する ●精米する	※干すときも鳥に注意 ※脱穀や精米をする道具を用意する	●脱穀や精米の仕方の説明する ※脱穀：もみがらを取る⇒玄米 ※精米：ぬかを取る⇒白米
収穫後	●クッキング保育を行う ●稲が生長する様子を描き、掲示する		●お米をとぎ、炊いて、おにぎりにして食べる（P.92「太巻き寿司」作りにつなげてもよい） ●観察記録を描き、保護者に発表する

主に準備する物

種もみ・発芽用の容器（いちごのパックなど）・苗を育てるための容器・育苗用の土・稲を育てるときの土・肥料・バケツ（約10〜15L）・水・じょうろなど

※ひとつのバケツに3本苗を植えた場合、約800粒（茶わん約3分の1）の収穫が見込まれます。

アドバイス

バケツで稲の栽培

広い田んぼを確保できなくても、バケツで稲を栽培することが可能です。バケツ稲の栽培キットなども販売されていますので挑戦してみましょう。
上手に栽培するには、水温の管理、病害虫や鳥への対策、台風への対策などが必要です。

2〜5歳児
「クッキング保育」での食育実践案

「クッキング保育」の目的・育つ力

本物の食材と道具を使い、子どもが自分の力で考えて作り上げる「食育体験」を行うことが「クッキング保育」の目的です。
子どもの手つきはまだ危なっかしくて、つい先回りをして手伝いたくなりますが、大切なのは「自分でできた！」という達成感です。難しいと思える作業も、できるだけ子ども自身に挑戦させましょう。自分で工夫し、友だちと助け合って調理を完成させる体験は、料理の楽しさを実感するだけでなく、「こんなことができる自分はすばらしい！」という子どもの自己肯定感を育てます。

計画のポイント
クッキング保育では、以下のことに留意して、計画を立てましょう。

point 子ども自身が作れるものに
一部大人が補助をしてもよいですが、なるべく子ども自身で作れる料理にしましょう。「自分で作った！」という達成感が、料理への楽しさを生み、自己肯定感や自尊心を高めます。

point 料理の完成までの過程が見える
材料の調達、調理、料理の完成までの過程が見通せるように計画しましょう。保育者だけでなく、子どもにもわかりやすい作業にすることがスムーズに進行できるコツです。

point これまでの食育と連続性がある
絵本で知った野菜を、栽培して、収穫し、収穫した食材を使ってクッキングするなど、連続性があるような計画を立てましょう。行事や郷土など関連性がある料理は行事や郷土への理解が深まります。

point 時間や安全性に配慮する
子どもが集中できるのは短時間です。また、予想以上に時間がかかる作業があることも想定しながら、時間配分をしましょう。さらに、けがの危険性にも注意して、シミュレーションや対応方法を準備しておきましょう。

実践後の振り返り
- 事前学習や説明は十分に伝わっていたか
- 時間内にスムーズに調理することができたか
- ひまで遊んでいる子はいなかったか
- おいしくできたか
- 事前準備に足りないものがなかったか
- 危険な動作はなかったか
- 難しい動作がなかったか
- 子どもたちの食材への興味が深まったか

「クッキング保育」での食育実践計画 2歳児 (→P.160)

2歳児の目標　火や包丁を使わない料理（ちぎる、折るなど）を通して、食材に触れる喜びを味わう

組・人数	たんぽぽ 組 ／ 2 歳児 ／ 20 人	主な活動	簡単サラダを作る
ねらい	収穫したものを調理・食べる体験を通して、食べ物に興味を持つ		

タイムスケジュール	子どもの活動	環境構成	保育者の対応・留意点
前日	●きゅうりやミニトマトを収穫する ●きゅうりやミニトマトは生で食べられることを知る ●サラダの作り方を知る	●サラダを実物や写真などで紹介 ●調理手順を示した写真や紙芝居などを用意	●収穫した野菜を使い、翌日に調理を行うことを伝える ●写真や紙芝居などで、サラダの作り方を説明する
9：30	**準備** ●エプロン、三角巾を着ける ●手を洗う ●説明や注意点を聞く	●食材を洗い、切り、ラップをして、各班ごとに分けておく ●ボウル、ざるなどの調理器具や食器を分けておく	●子どもの着用確認 ●材料の確認 ●調理の手順の確認、道具の使い方など、留意点を伝える ●4人1組の班に分けて、立ち位置を指示
10：15	**調理開始** ●ミニトマトを洗い、ボウルに入れる	●ざるを使う ●ボウルを使う	●ミニトマトを洗う担当を決め、指示する
10：30	●大人がきゅうり、だいこん、レタスの芯を切る様子を見学する		●見本として野菜を切る様子を見せるが、それ以外の野菜はあらかじめ班ごとに切っておく
10：45	●きゅうりを折る ●だいこんを折る ●レタスをちぎる	●加工した食材は元の皿に置く	●野菜の大きさは均等にうまく折れなくても大丈夫なことを伝える
11：10	●ミニトマトのヘタを取る	●ヘタを入れる生ごみ入れを準備する	●ミニトマトは大人が半分に切る
11：15	●野菜を分け、盛りつける ●塩をふりかける	●皿を用意	●野菜は子どもが自由に盛りつけさせ、各皿に均等になるように手助けする
11：30	●片づけをする	●使ったざるやボウルを洗う	
12：00	●給食の時間にみんなで食べる ●感想を述べ合う		●上手にできたことをほめる

Recipe
ちぎって折るだけ！ 簡単サラダ

必要な道具：包丁　まな板　ざる　ボウル　皿　フォーク　食器用洗剤　スポンジ　ふきん　生ごみ入れ

材料（4人分）
- きゅうり…2本
- だいこん…1/2本
- レタス…1/2玉
- ミニトマト…8個
- 塩…少々

※ちぎったり、折ったりできる野菜に代用可

作り方
1. 材料の野菜を水洗いする。
2. 大人がきゅうりを縦長に4等分に切る。子どもはきゅうりを一口大（3、4cm）に折る。
3. 大人がだいこんの皮をむき、1cm角×長さ20cmぐらいに切る。子どもはだいこんを❷と同様の大きさに折る。
4. レタスを1枚ずつ一口大にちぎる。
5. ミニトマトのヘタを取り、大人が半分に切る。
6. ❷～❺の野菜を皿にきれいに盛りつける。
7. ❻に塩を少々ふりかける。

「クッキング保育」での食育実践計画 3歳児 (→P.161)

3歳児の目標 包丁を使わない料理（皮をむく、つぶす、混ぜるなど）を通して、食材や料理に親しむ

組・人数	ゆり 組 ／ 3 歳児 ／ 20 人	主な活動	スイートポテトを作る
ねらい	収穫した物を調理・食べる体験を通して、食べ物に興味を持つ		

タイムスケジュール	子どもの活動	環境構成	保育者の対応・留意点
3日前	●さつまいも掘りをする		●収穫したさつまいもを使い、3日後に調理を行うことを伝える
前日	●いろいろなさつまいも料理を知る ●スイートポテトの作り方を知る	●さつまいも料理を実物や写真などで紹介 ●調理手順を示した写真や紙芝居などを用意	●さつまいもは、いろいろな料理にできることを伝える（天ぷら、サラダ、みそ汁の具、大学いも、ケーキなど） ●写真や紙芝居などで、スイートポテトの作り方を説明する
9:30	**準備** ●エプロン、三角巾を着ける	●調理室でさつまいもを蒸し始める ●材料や道具を各班に分けておく	●さつまいもを蒸し始めていることを伝える（時間があれば見学） ●調理の手順の確認、道具の使い方など、留意点を伝える ●4人1組の班に分けて、立ち位置を指示
9:45	●手を洗う		
10:00	●説明や注意点を聞く		
10:15	**調理開始** ●さつまいもの皮をむき、ビニール袋に入れる ●ビニール袋に入れたさつまいもを手でつぶす	●つぶした見本を用意	●さつまいもが熱いことに注意を促す ●つぶした見本を見せる
10:30	●バター、砂糖、牛乳をさつまいもに混ぜて練る		
10:40	●4等分にし、アルミカップに入れ、形を整える		●形の整え方の見本を見せる
10:50	●卵黄を溶き、具材の表面にスプーンで塗る		●卵の溶き方や塗り方の見本を見せる
11:00	●天板にオーブンシートを敷き、並べる	●オーブンを温め始める	●約180℃に熱したオーブンで約15分焼く
11:10	●オーブンで焼く様子を見学する		●焼き上がり時に匂いをかぐよう促す
11:30	●皿に移し、冷ます ●片づけをする		
15:15	●おやつの時間にみんなで試食し、感想を述べ合う		●上手にできたことをほめる

Recipe

つぶして混ぜよう！ スイートポテト

必要な道具：ビニール袋　アルミカップ　皿　スプーン　オーブン　オーブンシート　食器用洗剤　スポンジ　ふきん　生ごみ入れ

材料（4個分）
- さつまいも…約250g
- バター…15g
- 砂糖…15g
- 牛乳…30g
- 卵黄…1/2個

作り方
1. さつまいもがやわらかくなるまで蒸す。
2. さつまいもの皮をむき、ビニール袋に入れる。
3. ❷のさつまいもをつぶす。
4. ❸にバター、砂糖、牛乳を混ぜて、よく練る。
5. ❹を袋から出して4等分にする。
6. ❺をアルミカップに入れ、形を整える。
7. 卵黄を溶いて、❻の表面に塗る。
8. オーブンシートを天板に敷き、❼を並べる。
9. 約180℃に温めたオーブンで約15分焼く。

「クッキング保育」での食育実践計画 4歳児 (→P.162)

4歳児の目標 火や包丁を使った料理を通して、料理を楽しみ、食材への興味を深める

組・人数	すみれ 組 ／ 4 歳児 ／ 20 人	主な活動	ピザトーストを作る
ねらい	収穫した物を調理・食べる体験を通して、食べ物に興味を持つ		

タイムスケジュール	子どもの活動	環境構成	保育者の対応・留意点
前日	●ミニトマトを収穫する ●ミニトマトは生でも火を通しても食べられることを知る ●ピザトーストの作り方を知る	●ピザトーストほか、ミニトマトの料理を実物や写真などで紹介 ●調理手順を示した写真や紙芝居などを用意	●収穫したミニトマトを使い、翌日に調理を行うことを伝える ●写真や紙芝居などで、ピザトーストの作り方を説明する
9:30 9:45 10:00	**準備** ●エプロン、三角巾を着ける ●手を洗う ●説明や注意点を聞く	●食材や道具を各班ごとに分けておく	●子どもの着用確認 ●材料の確認 ●調理の手順の確認、道具の使い方など、留意点を伝える ●4人1組の班に分けて、立ち位置を指示
10:15 10:25 10:35 11:00 11:10 11:20	**調理開始** ●ミニトマト、ピーマンを洗う ●食材を切るお手本を見学する ●ミニトマトのヘタを取り、半分に切る ●ピーマンのヘタや種を取り、8等分に切る ●ハムや食パンを4等分に切る ●食パンにケチャップを塗る ●パンに具材をのせる ●オーブントースターにパンを入れる	●食材の切り方や切ったあとの様子を展示する ●ヘタなどは生ごみ入れに入れる ●切った食材は皿に置く ●オーブントースターで約5分焼く	●ミニトマトやピーマンを洗う担当を決め、指示する ●各食材を切る手本を見せる ●ミニトマトは転がりやすいので、十分注意する ●ピーマンを切るときに8等分が難しいようだったら、4等分にする ●食パンへの盛りつけ方は自由に ●機種によっては3分でよい場合があるので焦げすぎに注意する
11:30	●試食し、感想を述べる ●片づけをする		●温かいうちに食べられるようにする ●包丁を洗うのは危険なので、大人が洗う

Recipe

色彩を楽しむ！ピザトースト

必要な道具：ボウル　ざる　オーブントースター（またはホットプレート）　包丁　まな板　スプーン　皿　食器用洗剤　スポンジ　ふきん　生ごみ入れ

材料（4個分：食パン1枚分）
- ミニトマト…4個
- ピーマン…1個
- ハム…1枚
- 食パン…1枚
- ケチャップ…適量
- ピザ用チーズ…適量

作り方
1. ミニトマトとピーマンを水で洗う。
2. ミニトマトのヘタを取り、半分に切る。
3. ピーマンのヘタと種を取り、8等分に輪切りにする。
4. 1枚のハムを4等分に切る。
5. 1枚の食パンを4等分に切る。
6. 食パンにケチャップを塗る。
7. 6の上に、ミニトマト、ピーマン、ハム、チーズをのせる。
8. オーブントースターで7を約5分焼く。

「クッキング保育」での食育実践計画 5歳児 (→P.163)

5歳児の目標 調理器具を使った料理を通して、料理をする喜びを味わい、普段料理を作ってくれる人に感謝する

組・人数	さくら 組 ／ 5 歳児 ／ 20 人	主な活動	太巻き寿司を作る
ねらい	収穫した物を調理・食べる体験を通して、食べ物に興味を持つ		

タイムスケジュール	子どもの活動	環境構成	保育者の対応・留意点
前日までに	●米やきゅうりの収穫 ●太巻き寿司の材料と作り方を知る	●太巻き寿司を実物や写真などで紹介 ●調理手順を示した写真や紙芝居などを用意	●収穫した米や野菜を使い、調理を行うことを伝える ●写真や紙芝居などで、太巻き寿司の作り方を説明する
9:15 9:30 9:45	**準備** ●エプロン、三角巾を着ける ●手を洗う ●説明や注意点を聞く	●食材や道具を各班ごとに分けておく ●米をといで水にひたしておく	●子どもの着用確認 ●材料の確認 ●調理の手順の確認、道具の使い方など、留意点を伝える ●4人1組の班に分けて、立ち位置を指示
10:00 10:10	**調理開始** ●ご飯を炊き始める ●酢、砂糖、塩を火にかけ、合わせ酢を作る	●あらかじめご飯を炊いておく場合は、早めに合わせ酢と混ぜて、酢飯の熱を取っておく	●火を扱うときは、十分注意する
10:25	●卵を溶く。卵焼きを作るところを見学	●コンロを用意	●卵焼きを焼いて見せる
10:45	●卵焼きを棒状に切る ●きゅうりを洗い、棒状に切る	●切り方の見本を展示しておく ●切った食材は皿に置く	●卵焼きやきゅうりを切る手本を見せる ●具材を切る人、あえる人、混ぜる人など、役割分担をして行ってもよい
11:00	●ツナとマヨネーズを混ぜる ●ご飯に合わせ酢を混ぜ、冷ます		●ご飯を冷ましながら、切るように混ぜ合わせて酢飯を作る手本を見せる
11:15	●巻きすにのりをのせ、酢飯、卵焼き、ツナ、きゅうりをのせて巻く		●巻きすに具材を並べる例や巻き方の手本を見せる
11:30	●太巻きを等分に切る		※火や包丁を使用するので、親子クッキングの形にして、大人の数を確保してもよい
11:40	●片づけをする		●包丁を洗うのは危険なので、大人が洗う
12:00	●給食時に試食し、感想を述べ合う		

Recipe

いろいろな物を巻く！ 太巻き寿司

必要な道具 炊飯器 ガスコンロ 小鍋 スプーン ボウル さいばし まな板 包丁 フライパン 巻きす 皿 食器用洗剤 スポンジ ふきん 生ごみ入れ

材料（3本分）
米…2合　卵…3個
サラダ油…小さじ1
きゅうり…2本
ツナの缶詰…90g
マヨネーズ…大さじ2
のり…全型3枚
A　酢…大さじ2 1/2
　　砂糖…大さじ2
　　塩…少々

作り方
❶ご飯を炊く。（水加減を1割程度少なめに）
❷Aを火にかけ、混ぜ合わせて合わせ酢を作る。
❸卵を溶き、フライパンにサラダ油をしき、長方形の卵焼きを作る。
❹卵焼きを約1cm角の棒状に3本に切る。
❺きゅうりを洗い、約1cm角の棒状に3本に切る。
❻ツナとマヨネーズを混ぜ合わせる。
❼ご飯と合わせ酢を混ぜ合わせる。
❽巻きすにのりをのせ、奥側2、3cm残して、酢飯をのせる。
❾❽の中央に横向きに卵焼き、きゅうり、ツナをのせる。
❿具材が中心になるように、手前から巻く。

クッキングの準備

事前にしっかりと準備を行い段取りを整えておくことが、クッキング保育を成功させるカギです。衛生面にも十分に配慮しながら、身支度、道具、食材などの用意を進めましょう。

★ 服装を整える

清潔で作業がしやすい服装をし、自分で着脱できるエプロンとマスクを着用します。靴はすべらないものを履きます。
頭は、三角巾や大判のハンカチで覆い、髪の毛が長い場合は後ろで束ねてすっきりさせます。
手洗いなどに使うタオルは共用せず、使いやすいよう個々のエプロンに安全ピンなどでつけておきましょう。

マスク
つばの飛散を防ぐため、マスクを着用

服装
動きやすい服装。袖やすそがひっかからないように注意

爪
短く切り揃えておく

履き物
転びにくくすべりにくいものを履く

髪の毛
三角巾や大判のハンカチを着用。髪の毛が落ちないようにする。髪が長い場合は束ねる

エプロン
エプロンやスモックなど着脱しやすい物を用意

※タオル
ひとり1枚用意する。エプロンにつけておくとよい

★ 道具を準備する

子どもの数に合わせた道具を用意し、使いやすいようにまとめます。必要に応じて消毒をすませておきます。

● 調理器具
調理の流れを頭の中でシミュレーションし、必要な道具をすべて揃えます。小さいものはバットなどにひとまとめにし、各テーブルに配置します。献立によっては、スライサーやキッチンばさみなどもあると便利です。
ラップやごみ入れ、ふきん、後片づけ用の洗剤、スポンジなども用意しておきます。水道が調理台の近くにない場合は、水を鍋ややかんに入れて、各テーブルに置いておきます。

● ガスコンロ、ホットプレート、オーブンなど
電化製品やガスコンロを使う場合、使用できる状態か事前に確認し、きれいに消毒しておきます。
野外で火を使う場合は、まきや炭、消火用の水、消火器も準備しましょう。

● 食器類
子どもに合ったサイズの盛りつけやすい食器を用意します。きれいに洗い、熱湯などで消毒してから各テーブルにまとめておきます。

★ 食材を準備する

食材はすべて新鮮なものを用意します。まな板や包丁の衛生に注意して下処理を行い、それぞれの食材に適した方法で保管します。

● 食材は人数分に分けておく
野菜などの食材はきれいに洗い、大きな物は使いやすく切っておきます。人数分をバットに入れ、ラップをかけてテーブルに配ります。

● 下処理が必要な場合
クッキング保育では食材の原形を知ることが大事です。下処理をして配る食材は、原形を見せたり説明して処理の前後がわかるようにします。

● ご飯を炊いておく場合
事前に職員がご飯を炊いておく場合は、ご飯が必要になる時間から逆算して、炊き始めます。炊きあがったご飯は、おひつかボウルに分けて、各テーブルに配りましょう。

● 生ものは鮮度を大切に
生ものは、食中毒の予防に細心の注意が必要です。事前に職員が切っておく場合は、各テーブルの量に切り分け、ラップをかけて冷蔵庫で保管しておきます。

道具を使うときの注意点

道具の中には、使い方を間違えるとけがをするものがあります。あらかじめ何をするものか、どんなことをしたら危ないかなど道具の特徴を子どもたちに理解させておきましょう。

⭐ 包丁を使うとき

包丁は柄をしっかり握り、刃を前後に動かすようにして切ります。食材を押さえる手は「ネコの手」のように指先を丸めることを教えましょう。小さい食材やかたい食材を切るときは、人差し指を伸ばして包丁を握ると力加減が調節しやすくなります。
刃先には決して触れないこと、使わないときは刃先を奥に向けて置くことなど安全な扱い方についても理解させましょう。

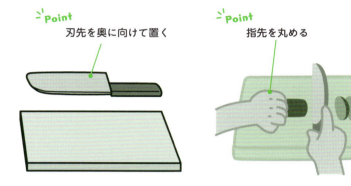

Point: 刃先を奥に向けて置く

Point: 指先を丸める

⭐ 包丁以外の切る道具を使うとき

キッチンばさみ
長ねぎの小口切りやのりを細長く切るときに、包丁より使いやすく便利です。子どもの手に合うキッズ用を用意しましょう。

ピーラー
野菜の皮むきに便利です。食材をまな板の上に置いて使います。先に食材の中心部から手前に皮をむき、次に食材を反対向きにしてむくと安全です。

スライサー
千切りや薄切りが簡単にできます。ガードがない場合、食材を端までスライスすると指が刃に当たり危険なので注意しましょう。

⭐ 火を使うとき

火を扱う前には、万一でも火が燃え移ることがないよう、髪の毛やエプロンの状態を再度チェックします。鍋を置くと炎が見えにくいので、点火・消火の確認を頻繁に行いましょう。
熱い鍋に触るときは、必ず鍋つかみを使用します。食材を鍋に投げ入れるとお湯がはねて危険です。食材はおたまにのせてそっと入れ、取り出すときはあみじゃくしを使うようにします。

⭐ ホットプレートを使うとき

ホットプレートの使用中は、炎が見えなくても熱く、触るとやけどの危険があることを最初にしっかり伝えます。
その上で、子どもの腕が当たらない高さに設置し、調理中は手や肌がプレートに触れないようトングやフライ返しなどを使用しましょう。
使わないときは必ず電源を消します。電源を消しても、しばらくは余熱で非常に熱いことを忘れずに伝えましょう。

衛生面とけがや体調への配慮

調理の準備段階から衛生面には十分な注意が必要です。また、けがをしたり体調の変化が生じるなど、トラブルが起きたときの対処についてもあらかじめ確認しておきましょう。

⭐ 清潔を心がける

● こまめに手を洗う
調理前には、石けんでしっかりと手洗いをし、各自の清潔なタオルかペーパータオルで手を拭きます。調理中に手が汚れたときも、そのつど手洗いをするように促します。

● テーブルの上は清潔に
調理前にテーブルを消毒液で消毒し、ふきんで拭いておきます。ごみを入れる袋を準備して、生ごみが散らからないようにします。調味料などをこぼしたらふきんで拭くように、説明しましょう。

● 後片づけもしっかりと
使い終わった調理器具や食器は流し台に持っていったり、所定の場所に戻すように伝えましょう。

⭐ けがや体調不良のときの対応

開始前に、子どもの体調や手指の状態を確認します。調理中も子どもの様子をよく観察し、万一道具でけがをしたり、体調が悪くなった場合は、すみやかに対処します。

● 指を切ったとき
ティッシュなどで傷口を強く押さえて止血します。浅い傷ですぐに血が止まったら、防水絆創膏を貼ります。傷が深いときは、ガーゼなどで止血し、防水のテープを巻き、病院を受診します。

● 嘔吐したとき
嘔吐物にすばやく新聞紙などをかぶせて嘔吐物を拭き取り、再度消毒液を使ってその場を拭きます。ウイルスや細菌が混じっていることがあるので、しっかりと処理します。嘔吐した子どもを別の部屋につれていき、服を着替えさせ、楽な姿勢にします。症状がひどい場合は、病院を受診します。

● やけどしたとき
軽いやけどでも、すぐに患部を流水で冷やし、その後適切な処置をします。服の上からやけどをした場合は、無理に脱がさず、服の上から水をかけます。症状がひどかったり、広範囲にやけどをした、頭や顔、関節などにやけどをした場合は、急いで病院を受診しましょう。

● 顔色が悪いとき
別の部屋で発熱や吐き気などほかの症状がないかチェックします。
病気が疑われるときは、症状に応じた対処をし、特に気になる症状がない場合は様子をみて判断します。

3〜5歳児 「製作遊び」での食育実践案

「製作遊び」の 目的・育つ力

自分がイメージしたものを、いろいろ工夫しながら作り上げることが「製作遊び」の楽しさです。子どもたちは、しばしば大人には思いもつかない発想をするものです。子どもの身近にある食べ物を題材にして自由に製作させて、発想力を伸ばしながら食べ物への興味や関心を深めていきましょう。また、でき上がった作品を使って、ごっこ遊びをするなど、新しい遊びに発展させることができます。はさみやヘラなどの道具がうまく使えなくて自分の思うような表現ができない子には、保育者が適宜サポートし、みんなが達成感を得られるよう配慮をしましょう。

計画のポイント

食育を目的とした製作遊びでは、下記のことに留意して、計画を立てましょう。

point 子どもの能力に応じたものを選ぶ

子ども自身が製作できるものにしましょう。細かすぎる工作やテーマが難しいと飽きる原因に。達成感が得られるとやる気が高まります。また、手指の発達に応じて製作できるものにしましょう（右表参照）。

point 製作物は遊びなどに発展できると◎

ごっこ遊びなどと連続性がある製作にすると、食材や食事への興味も深まります。

年齢別の製作関連の発達

3歳児
- はさみで1回切ることができる
- のりづけができる
- ひもを穴に通せる
- 丸が描ける

4歳児
- 小さな物をつまめる
- モールなどをねじって留めることができる
- ホチキスが使える
- 物をくっつけたり組み合わせたりできる

5歳児
- はさみで曲線が切れる
- ひもが結べる
- 色の概念がわかる
- 自分の想像を絵に表現できる
- 模倣して描ける

実践の振り返り

- 事前の説明は十分に伝わっていたか
- 時間内にスムーズに製作することができたか
- 集中できずに遊んでいる子はいなかったか
- 子どもが満足できる作品ができたか
- 準備する物や道具で足りない物がなかったか
- 危険な行動はなかったか
- 難しくて無理な工程がなかったか
- 子どもたちの食材や製作への興味が深まったか

「製作遊び」での食育実践計画　3歳児

組・人数	ゆり 組 ／ 3 歳児 ／ 20 人
主な活動	小麦粉粘土でままごと遊びをする
ねらい	小麦粉粘土で思いのままに作りながら、パンをこねたり、おもちを形作るなどの疑似体験する

タイムスケジュール	子どもの活動	環境構成	保育者の対応・留意点
準備	●小麦粉粘土を作る	●小麦粉粘土を用意する ※小麦粉アレルギーを持つ子どもには、粘土で代用する	●小麦粉粘土は子どもと一緒に作ってもよい。色が違う小麦粉粘土を用意してもよい（「小麦粉粘土の作り方」参照）
9：50	●手を洗い、いすに座り、話を聞く	●小麦粉粘土を1人分ずつに分けて配る ※余分に使えるように、予備の粘土を用意してもよい	●子どもに「パンやクッキーなどの材料になる小麦粉からできている粘土」ということだけを話し、自由に触らせる ※子どもが小麦粉粘土を食べないように注意する ※小麦粉アレルギーの子がいないか気をつける
10：00	●思い思いに粘土を触る。丸めたり、引っ張ったり、伸ばしたり、たたいたり、さまざまな行為を試す ●試しているうちにわいてきたイメージを形にする [例] おせんべい、おだんご、ソーセージ、パンなど		●最初に「食べ物を作ります」と伝えるのではなく、あくまでも粘土を触っているうちに子どもが見つけたことや、食べ物につながる発見をしたときに、共感する ●小麦粉粘土は弾力があって形が変わりやすいので、食べ物の形を完成させることにこだわらないようにする
10：20	●小麦粉粘土や道具を使いながら、ままごと遊びを楽しむ	●ヘラ、皿、紙コップ、ストローなどを用意する	●子どもがイメージをふくらませてきたら、粘土と一緒に遊べる道具を与える
10：50	●粘土や道具を片づけ、雑巾がけをする ●手を洗う		●続きをやりたがるようであれば、次の約束をして終了に向かわせる ●子どもと一緒に片づけをする

主に準備する物

小麦粉粘土（市販品または、小麦粉・食紅もしくは絵の具・水で作る）
ビニール袋　粘土板　ヘラ　皿
紙コップ　ストロー　など

小麦粘土の作り方

1. 粘土に色をつける場合は色水を作っておく
2. 最初に小麦粉と水の割合を1：1くらいで混ぜ合わせる
3. ❷を耳たぶくらいのやわらかさになるように小麦粉を加えて練る（食紅や絵の具で色をつけてもよい）
4. ベトベトしなくなったら、子どもたちが足で踏むなどして、十分に練る

※練る際に塩を入れ、冷蔵庫に保管すれば、数日間使うことができる

「製作遊び」での食育実践計画 4歳児

組・人数	すみれ 組 ／ 4歳児 ／ 20 人
主な活動	画用紙で魚を作って、釣りごっこをする
ねらい	魚や漁業に興味を持ち、道具を使った工作と遊びを楽しむ

タイムスケジュール	子どもの活動	環境構成	保育者の対応・留意点
前日までに	●ふだん食べている魚や、漁業、海や川について、絵本などで興味を持つ （●釣竿を作る）	●イラストや写真、絵本などを用意する ●魚を製作するための材料を用意する ●色画用紙は、B5 か B4 サイズ程度に切り、色の種類も多めに用意する ●釣竿を1人1本用意する	●魚や漁業、海や川について、イラストや写真、絵本などを使いながら、子どもたちに話をする ●釣竿は子どもたちが作っても、事前に保育者が作ってもよい ●釣竿は、割りばし、もしくはストローにビニールテープを留め、先端に磁石をつける ※ホチキスが使えるとスムーズ
10：00	●いすに座って魚の作り方や釣り方の話を聞く ●魚を製作する （はさみを使って自由に色画用紙を切り、ホチキスで形をつなげたり、ペンやクレヨンで模様を描いたりする） ※1人何個でも作ってよい	●はさみ、ホチキス、ペン類、色画用紙などをグループごとに使いやすいように用意する	●魚の作り方を見せる ●魚をどうやって釣るかを説明しながら釣ってみせる ●魚の種類や形は限定せず、子どもたちが好きな魚や自由にイメージした魚を作るようにする ●ホチキスがうまく使えない、イメージ通りにできない子をサポートする
10：30	●作った魚にクリップをつけ、魚を床に並べる ●1人1本釣竿を持ち、魚釣りを楽しむ	●釣竿を渡す	●早く作り終えた子から魚釣りを楽しんでもよい ●釣りながらまた魚を作りたくなったら、作ってもよいと伝える
10：50	●道具を片づける ●手を洗う		●続きをやりたがるようであれば、次の約束をして終了に向かわせる ●子どもと一緒に片づけをする

主に準備する物

色画用紙　ペン（またはクレヨン）
はさみ　ホチキス
割りばし（またはストロー）
ビニールテープ
クリップ　磁石

+αの実践案
魚釣りごっこの発展

大きな模造紙を用意して「海」に見立てて、その上に魚を並べて釣るようにすると、遊びや創造力が広がっていきます。時間があれば、模造紙に子どもたちに自由に海を描かせてみましょう。箱などを置いて岩場を作ってもよいですね。
実際の海岸や海の中を見たことがなく、思い浮かばない子もいますので、写真などを見せて、想像させましょう。

「製作遊び」での食育実践計画 5歳児

組・人数	さくら 組 ／ 5歳児 ／ 20 人
主な活動	収穫したものをじっくり観察して絵に描くことで栽培や収穫の体験を表現する
ねらい	収穫体験の後にじっくり観察したものを、絵で表現する

タイムスケジュール	子どもの活動	環境構成	保育者の対応・留意点
5～10月	● いもの生長を観察する	※ いも掘りを実施しない場合は、ほかの収穫物でもよい	● ほかの学年が栽培していたり、園で栽培していなくても、いも掘り体験を行う場合は、栽培されている畑にたびたび観察しに行くとよい
前日までに	● いも掘りを体験する	● 絵のモチーフとなるいもは、できるだけつるや葉っぱつきのものを用意する	● いも掘りの際に、絵を描くためのいもを収穫しておく
10：00	● いも掘りの話を聞いて、思い出す	● 収穫したいもを用意する	● いも掘りの体験からあまり時間をあけずに、いも掘りのことを思い出させるように、振り返る
10：10	● いもをじっくり観察する	● いもが見えやすいように、描く環境を整える。円になって座り中心にいもを置き、その周りで描いてもよい	● 最初にいもを観察する時間を設ける
10：15	● いもの絵を描く	● 画用紙、クレヨンまたは絵の具を用意する ※早く描き終わった子が遊べるものも用意しておく	● 写実的に描くことだけを目的にしないようにする ● 描いた絵を見せてもらいながら、いも掘りの体験で楽しかったこと、感じたことなどをふまえたそれぞれの子の表現を認める
10：50	● 道具を片づける ● 手を洗う		● 子どもと一緒に片づけをする

主に準備する物

いも（いも掘りで収穫したさつまいも・じゃがいもなど。つるや葉つきのほうがよい）
画用紙（B4）
クレヨンまたは絵の具

＋αの実践案

道具を変えて描いてみる

5～6歳くらいになると、一人ひとりの視点で絵を描くことができるようになります。道具の扱いも上手になるので、観察して描く活動も、さまざまな道具の特徴を生かしながら取り組んでみましょう。

- 白画用紙＋絵の具（薄め）
  ⇒色の混ざり方などを工夫しながら表現できる。
- 黒や紺など濃い色画用紙＋絵の具（濃いめ）
  ⇒絵が鮮明になり、のびやかに描ける。展示などで見栄えがする。
- 白画用紙＋クレヨン
  ⇒線を描いたり塗りつぶしたりが容易にできる。力強く描け、色も鮮やか。
- 白画用紙＋ペン、色鉛筆
  ⇒細かい模様を描くのに適している。

3〜5歳児
「給食当番」での食育実践案

「給食当番」の 目的・育つ力

何かを任され、それをやり遂げる体験は、子どもにとって大変うれしく誇らしいことです。「給食当番」の活動を通じ、子どもは食卓の準備、配膳、後片づけなど、食に関する基本的な生活習慣やスキルを身につけますが、それだけではありません。一連の作業を友だちと協力してやり終えることは、子どもの自信となり、「人のために働くことの楽しさ」を実感させます。

また当番以外の子どもには、お世話をしてもらったことへの感謝の気持ちが生まれます。このように、食を通じて子どもの心を育てることも「給食当番」の大きな目的です。

実践の手順

❶人数報告
朝、調理室にその日の出席人数を報告に行く。
（3、4歳児は保育者が行う）

❷身支度を整える
当番用の白衣、帽子、エプロン、マスクなどを身につける。
石けんで手を洗い、消毒する。

❸テーブルまわりの準備
テーブルを拭き、テーブルクロスを敷く。はしやスプーンを並べる。

❹配膳
飲み物を注ぎ、配る。
器に主菜や副菜を盛りつける。（3、4歳児は保育者が行う）
主菜や副菜が入った器を配る。（3歳児は保育者が行う）

❺食事
みんなの前で「いただきます」のあいさつをする。
おかわりは自分で盛りつける。

❻後片づけ
各自、食器をかごに戻す。かごを調理室に戻す。（3歳児は保育者が行う）
テーブルクロスをたたむ。テーブルを拭く。

実践のポイント

- 配膳の仕方や献立などをイラストや文字にして掲示すると、当番の行動がスムーズになる効果が期待できます。また、当番以外の子どもたちも、給食が楽しみに待てるようになります。
- 食器を落としたり、食べ物を落としてしまった場合は、調理室に持って行き、取り換えてもらいましょう。
- 料理をよそう配膳は、5歳児からが望ましいです。時間内に配分する行為は集中力が鍛えられ、責任感や自分が役立っていることが実感できます。
- 食事前に当番から献立を発表したり、保育者から食材や三色食品群の話などをすると給食への興味が深まります。

4章 データ集

すぐに使える!
おたより・献立表・ポスター・イラスト・教材 etc.

4章に掲載されている素材のデータは、付属のCD-ROMに収録しています。印刷してすぐに使える食育だよりやポスター、おたよりに使える文例やイラスト、食育の際に使える教材などが満載です。

※ P000_00_4Cはカラー、P000_00_1Cはモノクロのデータで、CD-ROMに収録しています。

食育だよりの作り方

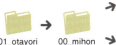

子どもの様子を知らせよう！
保護者は、子どもたちが園にいる間の様子がわからず、不安にもなります。子どもたちの活動の様子や、保育者が食育を行っている姿勢を、食育だよりを通して知らせていきましょう。

家庭でもできる食育アドバイスを！
園で食育を行っていても家庭で行っていなければ、身につきません。食育の大切さや方法を食育だよりを通して伝え、協力を得られるよう促しましょう。その際、食育の方法が難しすぎないように心がけましょう。

レイアウトをすっきり見やすく！
飾りワクや飾りケイを使って、項目ごとに分けて掲載しましょう。レイアウトを整理して、すっきり見せると読みやすくなり、「読んでみたい」という気持ちを起こさせる効果があります。

POINT
子どもの様子や保育者の思いを伝える
リード文には、食育の効果や子どもたちの様子、お願いしたいことなど、保育者の思いを書きましょう。
今月の食育テーマを掲載し、家庭でも目標にしてもらってもよいでしょう。

POINT
食育方法や栄養の知識を紹介する
各月の食育目標やテーマに沿った食育の方法を紹介しましょう。また、栄養に関する知識も紹介していきましょう。夏バテに効果がある食材、体を温める料理など、季節に合った情報は受け入れられやすいです。

※P.106の「食育だより」5月号を使用しています

POINT
イラストを入れる
イラストを入れるだけで、雰囲気が明るくなります。記事に関連のあるイラストを入れると、記事への理解も深まります。

POINT
見出しを目立たせる
食育だよりにはさまざまな情報が掲載されていますので、一目でわかりやすいように、見出しを大きく簡潔にし、目立たせましょう。

POINT
行事食や旬の食材を伝える
行事食や旬の食材に意識を向けてもらうことも大切です。子どもに日本の伝統文化や食材に興味を持たせるためにも、食育だよりに掲載して、保護者にも一緒に働きかけてもらえるようにしましょう。

給食室の活動を知らせる

栄養士や調理員は保護者と接する機会が少ないので、食育だよりを通じて、給食室の活動や思いを伝えましょう。栄養管理や食中毒対策など、保護者の不安をフォローします。

 イベントや給食の様子、子どもの感想を伝える

子どもたちが楽しみ、懸命に行った食育イベントや給食の様子を掲載して、家庭でも共有してもらいましょう。写真や感想をあわせて載せると、雰囲気が伝わります。ただし、個人情報を載せる場合は保護者の許可を得るようにしましょう。

※A3サイズで収録しています

P103_01_4C　P103_01_1C

 お知らせや準備してほしい内容を伝える

食育イベントの案内や協力のお願い、クッキング保育で準備してほしい物など、あらかじめお知らせしておきたいことを掲載しましょう。

 レシピを紹介して家庭でも作ってもらう

クッキング保育や給食のメニューのレシピを紹介しましょう。家庭で子どもと一緒に作り、コミュニケーションの向上に役立ててもらいましょう。夕食の献立にも役立ちます。

 家庭からの意見を集めて食育に活かす

一方的な情報の発信だけでなく、アンケートを使って家庭からの意見を聞いてみましょう。意見を反映させた食育だよりは、信頼感を得ることにもつながります。キリトリ線をつけて、気軽に提出してもらいましょう。

4月の食育だより

01_otayori　04gatsu　→ P104-P105_4C
　　　　　　　　　　→ P104-P105_1C

 食育ってどんなこと？

テーマアドバイス

新学年の始まりは、新たな生活習慣を身につけるよい機会です。いろいろな経験を通して、子どもたちの「食生活を営む力」を育んでいきましょう。食育は、日々の積み重ねが大切です。食生活の基本となる家庭でも食育の大切さを理解してもらえるよう、「食育だより」を通して伝えていきましょう。

POINT 新学年の始まりは、親も子どもも期待と不安でいっぱいの時期です。新入園児には新生活に早くなじめるようなサポート情報を記載するよう心がけましょう。

POINT 乳幼児期は、食習慣の基礎を身につける大切な時期です。家庭と園で共通の認識を持ち、連携を図ってすすめられるように、食育の具体的な目標を示すようにしましょう。

旬の食材

新たまねぎ、春キャベツ、たらのめ、うど、たけのこ、いちご、まだい、たちうお、にしん、わかめ

※冬の間にエネルギーを蓄えた「芽」や「根」には、栄養がいっぱい！

※A4サイズで収録しています

P104_01_4C　P104_01_1C

★ 飾りケイ

P104_02_4C　P104_02_1C

★ 文例　※P104-P105_1Cに収録しています

暖かな春風に包まれ、入園・進級の日を迎えました。職員一同、子どもたちを喜んで迎えています。給食室では、旬の食材を使った安全でおいしい給食を提供してまいりますので、どうぞ宜しくお願い致します。
P105_01_B

ご入園・ご進級おめでとうございます。新入園のお友だちはドキドキの毎日ですね。様々な経験を通して、みんなで食べる喜びや食事に興味が持てるような環境作りに努めてまいりたいと思います。
P105_02_B

新生活がスタートしました。新しい環境に慣れて元気に過ごすために、早寝早起き、三食の食事をきちんととるなど、生活リズムを整えていきましょう。春の健康診断では、身長体重測定と内科健診を行います。
P105_03_B

いよいよ園でのお弁当が始まります。初めのうちは、お弁当には子どもの好きなおかずを、少しだけ少なめにつめることをおすすめします。「全部食べられた！」という満足感が、食への関心につながります。
P105_04_B

★ 囲みイラスト・文例

保育所での食事に慣れるために

初めのうちは、子どもたちも新しい環境のなかで過ごすことに、不安や緊張を覚えていることと思います。どんな人がどんな場所で給食を作っているのかを知ることは、安心につながりますので、ご家庭でも話題にしてみてください。
また、みんなで食事することの楽しさに気づけるように、保育者や調理担当者で協力して進めていきたいと思います。

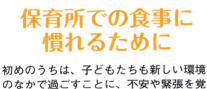

P105_05_4C　P105_05_1C

バランスのよい食事を（一汁三菜のすすめ）

栄養バランスの乱れた食事を続けていると、免疫力や抵抗力が落ちてしまいます。風邪や病気を寄せつけない、健康な体づくりのためには、バランスのとれた食事を続けることが大切です。健康な食生活の基本は「一汁三菜」から。注意したいのは、おかず3種の調理法や食材が重ならないこと。子どもたちが健康な体で過ごせるよう、ご家庭でもご協力をお願い致します。

P105_06_4C　P105_06_1C

給食が始まります

当園では、味や栄養に配慮した献立で給食作りを行っています。地元の旬の食材を使ったり、調理室の前にその日の献立を掲示するなど、子どもたちが食に興味を持てるよう、職員一同、日々工夫をこらしてまいります。

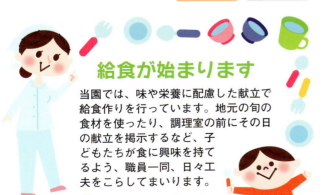

P105_07_4C　P105_07_1C

朝ごはんを食べましょう

朝食は、体にプラスなことばかりです。
- 体温を上げることで体が活動的に。
- 血糖値を上げて脳にエネルギーを。
- 噛むことで、脳が目覚める。
- 1日の食品数が増える。
- 胃腸が活発になり、便秘解消に。

P105_08_4C　P105_08_1C

5月の食育だより

 → →

01_otayori 05gatsu P106-P107_4C / P106-P107_1C

 好き嫌いをなくす（味覚を育てる）

テーマアドバイス

バランスのよい食事に、好き嫌いは大敵。幼児の場合は、うまく咀しゃくができなかったり、経験不足による「食わず嫌い」が原因のことが多いものです。嫌いなものを強制せず、食べやすい調理法や盛りつけを工夫しながら、味に慣れる方法を提示しましょう。「楽しい食卓づくり」を心がけることも大切です。

POINT バランスのよい食事のためにも、ひとつのおかずばかりを食べる「ばっかり食べ」ではなく、いろいろなおかずを順番に食べるよう「三角食べ」をすすめましょう。

POINT こどもの日には、かしわもちやちまきなどを食べたり、菖蒲湯に入る習慣があります。幼児期は、味覚を鍛え、広げる時期です。できるだけいろいろな食材に触れ、さまざまな味を味わう機会（行事）をつくるよう促しましょう。

旬の食材

たけのこ、アスパラガス、新ごぼう、わらび、ぜんまい、ふき、メロン、いちご、かつお、いさき

※旬が短く、季節を感じる山菜の「苦味」も、大切な味覚のひとつです。

※ A4サイズで収録しています　　P106_01_4C　P106_01_1C

★ 飾りケイ

P106_02_4C　P106_02_1C

★ 文例　※P106-P107_1Cに収録しています

爽やかな5月の風に吹かれ、園庭を楽しそうにかける子どもたち。笑顔いっぱいの毎日を過ごしています。5月のこどもの日には、ご家庭でも行事食を味わう体験を取り入れてみてはいかがでしょうか。

P107_01_B

園生活にもそろそろ慣れてきた様子ですが、この時期は突然体調を崩してしまう子どももいます。子どもたちの表情や食欲などの変化に十分注意しながら、体調管理に気をつけていきましょう。

P107_02_B

きゅうり、ピーマン、なす、トマトなど、夏野菜の苗を植えました。子どもたちは苗の違いに興味津々！水やりの説明も真剣な表情で聞き、「早く大きくなってね」といまから収穫が待ち遠しいようです。

P107_03_B

子どもにとってお弁当はお楽しみの時間です。通常の食事より量を少し減らしたり、好きなおかずを詰めたりして、残さない工夫をしましょう。「全部食べられた！」という達成感が自信へとつながります。

P107_04_B

★ 囲みイラスト・文例

子どもの日のお祝い

柏の木の葉っぱは、新しい芽が出るまで古い葉っぱが落ちずについています。その様子から、「跡継ぎが絶えない」縁起かつぎとして食べられるようになったといわれています。

園では毎年、かしわもちを食べて、子どもの日をお祝いします。これからも行事を通して、日本の伝統文化を子どもたちに伝えていきたいと思っています。

P107_05_4C　P107_05_1C

三角食べのすすめ

ひとつのお皿の料理を食べ終わってから次のお皿へと、「ばっかり食べ」をしている子が多く見られます。苦手な物には手をつけないで残したり、好きなおかずだけでおなかいっぱいにならないよう、バランスよく順番に食べる「三角食べ」（ご飯⇒汁物⇒おかず⇒ご飯…）ができるように、ご家庭でも声かけをお願い致します。

P107_06_4C　P107_06_1C

遠足のお弁当

自然のなかでたっぷり体を動かした後に、食べるお弁当は格別です。おかずは食べやすい形に切り、ちょっと少なめの量にしてみましょう。子どもの「食べたい！」を引き出し、残さず食べられる工夫をすることが大切です。朝早くから大変ですが、ご協力をお願い致します。

P107_07_4C　P107_07_1C

旬の食材 たけのこ

たけのこが土から顔をのぞかせる季節になりました。たけのこはエネルギーが少なく、食物繊維やたんぱく質を多く含んでいます。たけのこごはん、煮物、すまし汁など、旬の味をぜひご家庭でも味わってみてください。

P107_08_4C　P107_08_1C

6月の食育だより

01_otayori　06gatsu　P108-P109_4C

P108-P109_1C

テーマ例　丈夫な歯をつくる

テーマアドバイス

むし歯のない歯は、健康な体をつくるための基本となるものです。丈夫な歯をつくるには、好き嫌いをなくして、甘いもののだらだら食いに注意することが大切です。子どもたちをむし歯から守るためにも、各家庭での食生活への提案や正しい歯の磨き方を確認し、食後の歯磨きを習慣づけるように促しましょう。

 POINT
食中毒の予防は、みんなが協力して取り組むことが大切です。「食育だより」でも「手洗い」の効用と重要性をしっかり伝えて、予防に努めましょう。

 POINT
むし歯予防デー（4日）や時の記念日（10日）、父の日（第3日曜日）をはじめ、梅雨や食中毒など、祝日のない6月も意外とテーマが豊富。「食育だより」にも上手に取り入れましょう。

旬の食材

いんげんまめ、きゅうり、トマト、そらまめ、ピーマン、さくらんぼ、びわ、なつみかん、あゆ、かつお、あじ

※旬の夏野菜にはビタミンが多く含まれ、体を冷やし、消化を助けるものが多くあります。

※A4サイズで収録しています

P108_01_4C　P108_01_1C

★ 飾りケイ

P108_02_4C　P108_02_1C

★ 文例　※P108-P109_1Cに収録しています

「歯と口の健康週間」に合わせ、歯科検診を行います。乳歯はむし歯になりやすく、進行も早いものです。乳歯のむし歯は、永久歯やあごの発達にも影響します。食後や就寝前の歯磨きを習慣づけて、歯を守りましょう。
P109_01_B

色づき始めたアジサイに、梅雨の訪れを感じる季節となりました。季節の変わり目は、1日の寒暖差も大きく体調をくずしやすい時期です。むし暑さで食欲を落とさないように、料理にも工夫をしましょう。
P109_02_B

梅雨に入り、これからは細菌性の食中毒が増える時期です。菌を繁殖させないためにも「つけない（手洗い）、増やさない（冷蔵・冷凍保存）、やっつける（加熱殺菌）」の三原則を守って、食中毒を予防しましょう。
P109_03_B

6月10日は「時の記念日」です。子どもたちが時間の大切さを理解するためにも、毎日の起きる時間や食事の時間、おでかけの時間などを確認して、規則正しい生活のリズムを感じ、時間を守る習慣をつけましょう。
P109_04_B

★ 囲みイラスト・文例

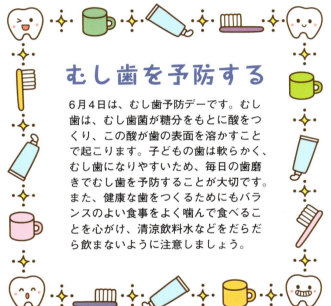

むし歯を予防する

6月4日は、むし歯予防デーです。むし歯は、むし歯菌が糖分をもとに酸をつくり、この酸が歯の表面を溶かすことで起こります。子どもの歯は軟らかく、むし歯になりやすいため、毎日の歯磨きでむし歯を予防することが大切です。また、健康な歯をつくるためにもバランスのよい食事をよく噛んで食べることを心がけ、清涼飲料水などをだらだら飲まないように注意しましょう。

P109_05_4C　P109_05_1C

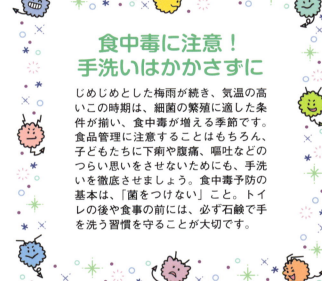

食中毒に注意！手洗いはかかさずに

じめじめとした梅雨が続き、気温の高いこの時期は、細菌の繁殖に適した条件が揃い、食中毒が増える季節です。食品管理に注意することはもちろん、子どもたちに下痢や腹痛、嘔吐などのつらい思いをさせないためにも、手洗いを徹底させましょう。食中毒予防の基本は、「菌をつけない」こと。トイレの後や食事の前には、必ず石鹸で手を洗う習慣を守ることが大切です。

P109_06_4C　P109_06_1C

よく噛む習慣をつけましょう

よく噛むことは、唾液の分泌を促します。唾液には、むし歯予防・消化を助ける・脳の働きを活性化させて集中力や記憶力をアップするなどの効果があります。噛みごたえのあるものをよく噛んで食べることを心がけましょう。

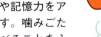

P109_07_4C　P109_07_1C

甘い物は適度に

砂糖の成分は主にエネルギー源として利用されるので、激しい運動後の疲労回復に必要です。また、脳の唯一の栄養源ですから適度に摂りましょう。摂りすぎると食欲がなくなり、偏食しやすいので食べる時間と量を決めることが大切です。

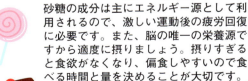

P109_08_4C　P109_08_1C

7月の食育だより

 旬の食材を食べる

テーマアドバイス

7、8月が旬の夏野菜。しかし、トマトやきゅうりなど、1年中スーパーマーケットで見かけるものが多く、大人でもいつが「旬」なのか、よくわからなくなってきました。子どもたちと一緒に野菜を育てたり、収穫をする体験を通して、食べ物で季節を感じる感性を育て、旬の物を食べることの大切さを伝えましょう。

POINT 夏は、冷たい物の摂りすぎとともに、脱水にも注意が必要です。室内でも熱中症になることがあるため、こまめな水分摂取を呼びかけましょう。

POINT 七夕の短冊づくりや夏祭り、土用の丑、お盆、夏野菜、夏バテ、熱中症、プールでの注意事項や夏休み中の心がまえなども、夏の「食育だより」の題材になります。

旬の食材

えだまめ、きゅうり、とうがん、トマト、なす、すいか、あんず、かんぱち、あゆ、とびうお、はも

※きゅうりやすいかには体を冷やす効果があります。トマトには、日焼けした肌を回復させる働きも期待できます。

※ A4サイズで収録しています

★ 飾りケイ

★ 文例 ※P110-P111_1Cに収録しています

そうめんや冷やし中華がおいしい季節になりました。しかし、単品で食べてもおいしい麺類ですが、栄養バランスが崩れがち。夏バテ予防のためにも、副菜や具材などを工夫して、栄養バランスに気をつけましょう。
P111_01_B

夏休みなど、外出の機会が増える時期ですが、外出の際には、紫外線対策と水分補給を忘れずに。紫外線の強い時間帯は外出を控えたり、つばの長い帽子や日焼け止めなどを使って、紫外線から肌を守りましょう。
P111_02_B

いよいよ〇日は、盆踊り大会です。子どもたちは、音頭が鳴るだけで踊り出すほど、踊りの練習がお気に入りの様子です。当日はほかにもいろいろな催しを用意していますので、皆さまぜひともご参加ください。
P111_03_B

5月に苗を植え、子どもたちがみんなで世話をしてきたプランターのミニトマト。収穫し、早速みんなで味見をしました。普段はトマト嫌いの子も「おいしい！」と大喜びで、笑顔がいっぱいの1日でした。
P111_04_B

★ 囲みイラスト・文例

七夕を楽しむ

七夕の由来
7月7日の夜に、笹の葉に願いごとを書いた短冊を吊るして星に祈る「七夕」。牽牛（ひこぼし）と織女（おりひめ）の伝説が有名ですが、もともとは古くからの日本の神事である「棚機（たなばた）」と、中国から伝来した「乞巧奠（きっこうでん）」という行事が結びついたものといわれています。

七夕の行事食
七夕には、天の川や織り糸に見立てたそうめんを食べる風習があります。

P111_05_4C　P111_05_1C

水分補給はこまめに（スポーツ飲料・経口補水液）

夏は室内での熱中症にも注意が必要です。のどが渇いたときには、すでに水分不足ですので、こまめに水分補給をしましょう。スポーツ飲料や経口補水液は、状況に応じて使い分けましょう。

【スポーツ飲料】糖分が多め。脱水症状が起こる前の水分補給、運動などで疲れたときに飲むのに適している。

【経口補水液】電解質（イオン）濃度が高く、塩分が多め。発熱や下痢・嘔吐などで脱水状態のときに適している。

P111_06_4C　P111_06_1C

体を冷やしてくれる食べ物

夏野菜には、きゅうり、トマト、なす、レタス、かぼちゃなど、体の余分な熱を取ったり、汗で失われるミネラルやビタミンを豊富に含むものがあります。これらを食べて夏を乗り切りましょう。

P111_07_4C　P111_07_1C

土用の丑の日にはうなぎ

本来うなぎの旬は冬ですが、7月の「土用の丑の日」には、うなぎを食べる風習があります。ビタミンAをはじめとするビタミン類が豊富なうなぎは、疲労回復や夏バテ防止にピッタリです。

P111_08_4C　P111_08_1C

8月の食育だより

 五感で味わう

テーマアドバイス

彩りや盛りつけのきれいな料理は食欲をそそるものですが、料理は視覚だけでなく、味（味覚）、匂い（嗅覚）、歯触りや手触り（触覚）、そして食事をつくる音（聴覚）など、五感で感じることで、味わう感覚が身につきます。食への興味が増すように、家庭でも簡単に取り組める五感を鍛える方法をアドバイスしましょう。

POINT 五感を使いながら、料理を作ったり、みんなで食べたり、後片づけを行う。こうした体験を繰り返すことで、料理を味わう感覚とともに、感謝の気持ちも育つことを伝えてもよいでしょう。

POINT 夏休みはイベントも多く、生活リズムが崩れがちです。特に、冷たい物の摂りすぎや、食生活の乱れからくる夏バテを防ぐ注意喚起をしましょう。

旬の食材

きゅうり、トマト、なす、とうがん、おくら、ピーマン、とうもろこし、すいか、なし、たちうお、いわし、きす、えぼだい、あなご

※多くの夏野菜には、体の熱を取り、余分な水分を排出する作用があります。

※ A4サイズで収録しています

P112_01_4C　P112_01_1C

★ 飾りケイ

P112_02_4C　P112_02_1C

★ 文例 ※P112-P113_1Cに収録しています

家族や子孫の元に帰ってきた祖霊を迎え、供養するお盆は、子どもたちが日本の伝統行事に触れるよい機会です。お盆飾りや迎え火・送り火、お墓参りなど、改めてその意味を考えながら、伝えていきましょう。

P113_01_B

8月は、花火大会をはじめ、さまざまなイベントが目白押しです。長時間外にいることも多く、子どもたちも疲れて体調を崩しやすくなっています。疲れが残っているときは、朝、保育者に声をかけてください。

P113_02_B

お盆休みに帰省をしたり、旅行に出かけるご家族も多いことと思います。自然に親しみ、見知らぬ土地の風土や文化に触れ、さまざまな体験をした子どもたちが、ひと回り大きくなって戻ってくるのが楽しみです。

P113_03_B

8月15日は終戦記念日です。戦後70年が過ぎ、戦争体験者も少なくなりましたが、忘れずに語り継いでいきたいものです。何らかの形で子どもたちにも平和の大切さを考え、伝えていく機会をつくりましょう。

P113_04_B

★ 囲みイラスト・文例

不足しがちな栄養素

暑い日が続くと、食事もさっぱりしたものになりがちですが、そればかりではスタミナ不足が心配です。体をつくるたんぱく質や、体の機能を維持するビタミンやミネラルが不足すると、夏バテでさまざまな症状が出てしまいます。特に夏場はエネルギー代謝に必要なビタミンB群が不足しがちなので、豚肉やレバー、うなぎ、えだまめ、ごま、胚芽米など、ビタミンB群の豊富な食材を摂るようにしましょう。

P113_05_4C　P113_05_1C

お盆には精進料理を

行事の由来
お盆は祖先の霊をまつる行事です。きゅうりやなすに割りばしを刺して飾る物は馬や牛とされ、先祖が天から帰ってくる際に乗る物を表しています。

お盆の行事食
お盆には、肉や魚を避け、野菜・穀類・山菜・豆類などを中心とした精進料理を食べます。精進料理は、ビタミンやミネラルなどを多く含むので、健康維持にも役立ちます。

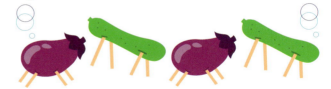

P113_06_4C　P113_06_1C

夏場に食欲増進する食事

夏は暑さで食欲が減退しがちです。夏バテを防ぐためにも、カレー粉や梅、レモンなどの酸味を使って、食欲増進を図りましょう。スパイスは風味を増すだけでなく、食欲増進や消化をよくするなど、さまざまな効果があります。

P113_07_4C　P113_07_1C

冷たい物の食べすぎ・飲みすぎに注意

暑いとつい手が出てしまう冷たい物ですが、冷たい物の摂りすぎは、おなかを冷やしてさまざまなトラブルを招きます。特にアイスクリームや炭酸飲料には砂糖が多く含まれ、食欲不振の原因にもなるため注意しましょう。

P113_08_4C　P113_08_1C

4章 データ集　食育だより素材　8月の食育だより

9月の食育だより

   P114-P115_4C
01_otayori 09gatsu P114-P115_1C

テーマ例 異世代と関わる食事（長寿と食事）

テーマアドバイス

食事をともにすることは、互いを知り、絆を深める絶好の機会です。異なる世代や文化を持つ人と食卓を囲むと、親しみを感じ、人との交流の楽しさを味わうことができることを伝えましょう。また、敬老の日には、祖父母の長寿を祝って家族が集まり、食事をしながら楽しい時間を過ごすことなども提案してみましょう。

 祖父母がいる家庭に向けて、お月見の際に祖父母と月見だんごを作ることをすすめてみてもよいでしょう。異世代との食事交流の事例や感想を募集して、提示するのもよいですね。

 9月は、長い夏休みを終えて気持ちも新たに元気に過ごせるような言葉を添えましょう。秋の食材が出回り始めるころですので、旬の食材やレシピの情報を掲載してもよいです。

旬の食材

新米、トマト、さつまいも、しめじ、まつたけ、きくの花、かつお、さけ、さば、ひらめ、くり、ぶどう

※実りの季節の始まりです。さつまいもはビタミンCやカリウムが豊富です。脂ののった魚には、体を温める効果があります。

○○○○園　○○○○年9月号

食育だより

天高く馬肥ゆる秋。十五夜やお彼岸には、月見だんごやおはぎを用意して、秋の実りを満喫しながら日本の伝統行事を楽しんではいかがでしょうか。ご家庭でおだんごを手作りすれば、楽しい思い出になりますよ。

異世代との食事のすすめ
環境や文化の違う人と一緒に食事をすることは、新鮮な刺激から人に興味を持ち、他人への配慮や思いやりの気持ちを育むことができます。特に高齢者との食事では、先人の知恵や食文化の歴史、マナーを教えてもらうことにもつながりますので、機会を設けて交流してみましょう。

長寿と食事
いま世界では、伝統的な日本食が健康＆長寿食として注目されています。米を基本に、野菜や豆類、魚を組み合わせた昔ながらの和食は、栄養バランスがよいとされています。また、酢や海藻類も健康によい食べ物です。長生きできる体を食べ物からつくっていきましょう。

お月見を楽しむ
月見の由来
旧暦8月15日前後の満月を十五夜といい、ススキを飾り、月見だんごやお酒を供えて月を愛でる風習があります。
月見だんごの作り方
上新粉150gにぬるま湯120mlを少しずつ加えてこね、耳たぶ程度の固さになったら15等分し、丸める。たっぷりの湯でゆで、浮き上がってきたら冷水で冷やし、あおいで「てり」を出す。

非常食の備えはできていますか？
9月1日は、災害への認識を深め、備えを確認する「防災の日」です。関東大震災が起きた日であり、台風が多いとされる二百十日から制定されました。
準備するとよいもの
飲料水（1人1日3L×3日分）・3日分の非常食・医薬品・懐中電灯・携帯ラジオ・予備の電池・カセットコンロ・ガスボンベ・貴重品（現金・身分証明書・通帳、印鑑、保険証ほか）

※A4サイズで収録しています　　　P114_01_4C　P114_01_1C

★ 飾りケイ

P114_02_4C　P114_02_1C

★ 文例 ※P114-P115_1Cに収録しています

9月に入り、虫の音とともに秋が近づいてきました。子どもたちは夏の疲れが出るころです。日中はまだまだ暑くても、朝晩は涼しくなっていますので、食事や体調管理に気をつけて、元気に秋を迎えましょう。
P115_01_B

暑かった夏が過ぎ、秋がやってきました！ 運動会の練習も始まり、毎日お遊戯やリレーの練習に励んでいます。いっぱい練習した後は、おなかが減って、食欲旺盛に。給食もたくさんおかわりしています。
P115_02_B

9月は防災月間です。ご自宅でも防災グッズの用意や点検をされていることと思います。その際、非常食にお子さんがいつも食べているおやつを加えておくと、万一のときにも不安を和らげてくれる効果があります。
P115_03_B

天高く馬肥ゆる秋。十五夜やお彼岸には、月見だんごやおはぎを用意して、秋の実りを満喫しながら日本の伝統行事を楽しんではいかがでしょうか。ご家庭でおだんごを手作りすれば、楽しい思い出になりますよ。
P115_04_B

★ 囲みイラスト・文例

お月見を楽しむ

月見の由来
旧暦8月15日前後の満月を十五夜といい、ススキを飾り、月見だんごやお酒を供えて月を愛でる風習があります。

月見だんごの作り方
上新粉150gにぬるま湯120mlを少しずつ加えてこね、耳たぶ程度の固さになったら15等分し、丸める。たっぷりの湯でゆで、浮き上がってきたら冷水で冷やし、あおいで「てり」を出す。

P115_05_4C　P115_05_1C

非常食の備えはできていますか？

9月1日は、災害への認識を深め、備えを確認する「防災の日」です。関東大震災が起きた日であり、台風が多いとされる二百十日から制定されました。

準備するとよいもの
飲料水（1人1日3L×3日分）・3日分の非常食・医薬品・懐中電灯・携帯ラジオ・予備の電池・カセットコンロ・ガスボンベ・貴重品（現金・身分証明書・通帳、印鑑、保険証ほか）

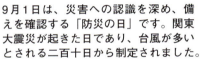

P115_06_4C　P115_06_1C

地産地消のすすめ

「地産地消」は、子どもたちが農産物を身近に感じることのできるよい機会です。旬の食材で季節を感じ、地域の特産物や伝統食などを通じて地域への関心や愛着を深め、感謝の気持ちをもった豊かな人間に育てましょう。

P115_07_4C　P115_07_1C

お米は栄養たっぷり

ごはんは、味が淡泊でおかずにも合い、よく噛むことで唾液に含まれるホルモンが脳を活性化します。また、食後の血糖値も上がりにくく、ゆっくり吸収されるため腹もちがよく、脂質が少ないのでパンなどに比べ太りにくい食材です。

P115_08_4C　P115_08_1C

10月の食育だより

01_otayori　10gatsu　P116-P117_4C　P116-P117_1C

テーマ例　三食をバランスよく食べる

テーマアドバイス

成長に必要な栄養は、毎日まんべんなく三食に分けて摂ることが大切です。特に、朝食を食べないと疲れやすく、脳の働きが鈍ることを伝えましょう。食材に含まれる栄養の効果や、一汁三菜のすすめ、主食＋主菜＋副菜のバランス、三色の食品群に分けてメニューを構成するなどを「食育だより」で紹介しましょう。

POINT 様々な食材から栄養を摂ることが大切です。三色食品群は保育の場で子どもにも理解しやすく、共通の認識を持てるので、栄養バランスへの意識が高まります。

POINT 10月は、運動会、体育の日、いも掘り、くり拾い、秋の遠足、紅葉狩り、ハロウィンなどの行事があります。「食欲の秋」と結びつけた記事を「食育だより」に掲載してもよいですね。

旬の食材

新米、かぶ、さといも、じゃがいも、さんま、いわし、さけ、なし、(果物の)かき、にんじん、ぎんなん、まつたけ

※根菜類やきのこ類、なしやかきなどが旬を迎えます。新米や脂がのった魚も市場に出回ります。

※A4サイズで収録しています　　P116_01_4C　P116_01_1C

★ 飾りケイ

P116_02_4C　P116_02_1C

★ 文例　※P116-P117_1Cに収録しています

さわやかな秋晴れの日、公園へお散歩に出かけました。公園に着くと、木の実集めに夢中になる子どもたち。秋の自然とのふれあいを楽しみました。持ち帰った木の実で工作を楽しみたいと思います。

P117_01_B

10月は季節の変わり目で寒暖差があり、体調を崩しやすくなります。スポーツの秋ですから、たくさん体を動かし、秋のおいしい味覚をたくさん味わいたいものですね。

P117_02_B

10月○日にハロウィンパーティーを開催します。子どもたちが小さな魔女やおばけに大変身！　当日はハロウィンならではのかぼちゃ料理を味わったり、お菓子をもらったり、にぎやかな1日になりそうです。

P117_03_B

さつまいものおいしい季節。10月○日はいも掘り遠足に出かけます。子どもたちはいも掘りを心待ちにしています。土に触れたり、つるを引っ張ったり、ふだんできない体験を楽しみたいと思います。

P117_04_B

★ 囲みイラスト・文例

ハロウィンクッキング（クッキー作り体験を）

10月31日のハロウィンでは、子どもと一緒に調理を楽しみましょう。

材料
かぼちゃ（またはさつまいも）100g
バター50g
砂糖30g
ホットケーキミックス150g

作り方
①蒸したかぼちゃをつぶし、砂糖、バターを加えて混ぜる。
②ホットケーキミックスを①に加えて混ぜる。
③薄くのばして型抜きする。
④フライパンで焼く。

P117_05_4C　P117_05_1C

赤・黄・緑に分けてバランスのよい食事を

三色食品群を参考に、各食品群から2種類以上選んで食べましょう。

◆赤色群…たんぱく質（体をつくる）
　　⇒肉、魚、卵、牛乳、豆など
◆黄色群…糖質・脂質（エネルギー源になる）
　　⇒米、いも類、パン類、油など
◆緑色群…ミネラル・ビタミン（体の調子を整える）
　　⇒野菜、果物、きのこ類など

P117_06_4C　P117_06_1C

血液をサラサラにする魚

秋はさんまがおいしい季節。さんまには血液をサラサラにする成分、DHA（ドコサヘキサエン酸）とEPA（エイコサペンタエン酸）が多く含まれています。塩焼き、生姜煮、炊き込みご飯、蒲焼きなどで味わってみてください。

P117_07_4C　P117_07_1C

秋の味覚を楽しみましょう

「実りの秋」と言われるように、秋は新米、なす、さんま、りんご、ぶどう、くり、なし、まつたけなど、おいしい食べ物がたくさん出回る季節です。旬の食材を知って味わうことは、食材への興味が増し、味覚形成にも役立ちます。

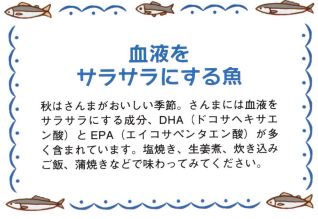

P117_08_4C　P117_08_1C

11月の食育だより

  → P118-P119_4C
→ P118-P119_1C
01_otayori　11gatsu

 食事のルール・マナーを知る

テーマアドバイス

食事のルールやマナーを教えるためには、食事環境を整え、食事の様子をよく観察し、子どもがまねをしたくなるような手本を見せることが大切です。

食事のマナーは、コミュニケーション力を育てる意味でも、身につけたほうがよいことを「食育だより」で伝えるようにしましょう。

POINT　「いただきます」には、「食事をいただきます」や「命をいただきます」という意味があることを子どもに伝えたり、お頭つきの魚を調理する様子を見せてあげるなどを各家庭にすすめてみてもよいですね。食べ物に感謝する心が育まれていきます。

POINT　はしを正しく使えるようにするためには、園と家庭でゆっくりていねいに教える必要があります。はしを使う練習は、本書のP.174にあるようなイラストで説明したり、はしで物をつまむゲームなどで楽しみながら行うことを提案してもよいでしょう。

旬の食材

ブロッコリー、しゅんぎく、ごぼう、セロリ、さつまいも、さといも、きょうな、れんこん、ずわいがに、さば、はまち、ゆず、りんご

※葉物野菜が多く収穫される時期です。ずわいがに漁も解禁されます。

※A4サイズで収録しています　　P118_01_4C　P118_01_1C

★ 飾りケイ

P118_02_4C　P118_02_1C

★ 文例 ※P118-P119_1Cに収録しています

冬の足音が聞こえ始めた11月。寒い日こそ外に出て、なわとびや鬼ごっこをしています。体を動かすと、自然におなかがすいて食欲が増すようです。給食の「いただきます！」の声も大きく、園内に響いていました。
P119_01_B

先日、落ち葉や小枝、木の実などを集めておままごとをした子どもたち。「茶色い葉っぱはお皿」「緑と赤の葉っぱはサラダ」「茎はスパゲッティー！」など、豊かな想像力を発揮しながら、楽しく遊んでいました。
P119_02_B

寒くなってくると気をつけたいのが風邪やインフルエンザ、ノロウイルスなどです。園では、うがい・手洗いを徹底していきます。ご家庭でも声かけやうがいや手洗い方法を再確認してみてください。
P119_03_B

先日、子どもたちとくり拾いに行きました。形や大きさを比べながら、夢中でくりを拾っていました。拾ってきたくりは、おやつの蒸しケーキの中に。くり拾いの話を楽しそうにしながらおいしく食べました。
P119_04_B

★ 囲みイラスト・文例

はしを使う練習をしましょう

園では、3歳ごろからはしを使い始め、正しく持てるように取り組んでいます。あせらずゆっくり練習しましょう。

手順
①はし1本を鉛筆を持つように持ち、上下に動かしてみましょう。
②もう1本のはしを、①の下に入れて、親指の付け根に挟み、薬指の第一関節と中指の先で支えましょう。
③はし2本のうち、下のはしは動かさず、上のはしを上下に動かしましょう。

P119_05_4C P119_05_1C

七五三のお祝い

11月15日の七五三は、子どもの健やかな成長を祝う行事です。男の子は5歳（3歳で祝うことも）、女の子は3歳と7歳でお祝いをします。昔は乳幼児の死亡率が高く、子どもの成長は現在以上に貴重で、喜ばしいことでした。
また、七五三に食べる千歳飴には、「千年長生きできますように」という願いが込められており、飴の色も縁起がよい紅白です。当日はお赤飯をたいたり、お祝いの食事会を開いたりして祝います。

P119_06_4C P119_06_1C

食事のときの正しい姿勢

食事のときは、正しい姿勢を保てるように、ご家庭でも気をつけましょう。
＊背すじをまっすぐ伸ばす。
＊テーブルにひじをつけない。
＊お茶碗やお椀は手に持つ。
＊両足を床につける。
＊テーブルとおなかの間はこぶしひとつ分あける。

P119_07_4C P119_07_1C

幼児用食器の選び方

茶碗…片手で持てる大きさや重さ。電子レンジ対応だと便利。プラスチック製は割れにくい。陶磁器は割れないように大切にする心を育む。
はし…手のひらより約3cm長いもの。木製か竹製。滑り止め付きがあるとよい。

P119_08_4C P119_08_1C

12月の食育だより

 **食事のお手伝い・家族で食事を**

テーマアドバイス

12月は、クリスマスやお正月休みなど、家族で過ごす時間も多いものです。子どもたちにも配膳や後片づけ、大掃除などのお手伝いを頼み、家族の中での役割を与えるよう保護者に伝えましょう。また、毎日の食卓でも、家族みんなで会話をしながら楽しい時間を共有することも、大切な「食育」のひとつです。

POINT クリスマスや正月料理の準備では、一緒に食材の買い出しをしたり、下ごしらえを手伝ったりなど、小さなことでも自分が参加しているという意識を持たせるように伝えましょう。

POINT 家族や親しい人との食事は、マナーやコミュニケーションのトレーニングになるだけでなく、子どもに安心感を与え、料理をいっそうおいしく感じさせます。また、行事食を通して、食への興味も深まることを伝えましょう。

旬の食材

こまつな、ほうれんそう、だいこん、はくさい、かぶ、ごぼう、さといも、みかん、(魚介の)かき、たら、ぶり、かに

※冬に旬の根菜には、体を温める効果があります。鍋物やシチューなどの温かい料理がおすすめです。

※ A4サイズで収録しています

P120_01_4C P120_01_1C

 飾りケイ

P120_02_4C P120_02_1C

★ 文例　※P120-P121_1C に収録しています

厳しい冷え込みが続くこのごろ。空から降ってくる白い雪に、子どもたちは大はしゃぎ！　元気いっぱいに走る子、雪遊びに夢中になる子……子どもたちの楽しそうな笑顔を見ると、心がぽかぽかと温まります。
P121_01_B

クリスマスにおもちつき、大掃除と大忙しの12月。クリスマスパーティーの食事の準備や台所の大掃除など、子どもにもお手伝いをしてもらうよい機会です。楽しくお手伝いができると、食欲にもつながります。
P121_02_B

本物のうすときねを使ったおもちつき体験を楽しみにしている子どもたち。食べるときはのどにつまらないよう、小さいサイズに切り分け、あんこ、きなこ、しょうゆ、のり、納豆などの味で楽しみます。
P121_03_B

年越しそばには、家族や大切な人の長寿を願う気持ちや、今年一年の災厄を断ち切り、新しい年を迎えるという意味が込められています。江戸時代から伝わる日本の食文化を、ぜひご家庭でも楽しんでみてください。
P121_04_B

★ 囲みイラスト・文例

できるだけ食事のお手伝いを

冬休みは、ふだんより親子で一緒に過ごす時間があります。そこで、お子さんに食事のお手伝いを呼びかけてみてはいかがでしょうか。
買い物で一緒に食材を選んだり、簡単な下準備を手伝ってもらったりなど、まずは子どもができる範囲で参加することから始めてみましょう。そして、「ありがとう。おいしいよ」の一言で、子どもの食への関心を高めていきましょう。

P121_05_4C　P121_05_1C

冬至をむかえます

今年は12月○日に冬至をむかえます。日本では昔から冬至にかぼちゃを食べ、ゆず湯に入ると健康によいという、いわれがあります。かぼちゃにはカロテン（ビタミンA）などが含まれているので、ビタミン不足なこの時期にはぴったりな食材です。かぼちゃ料理を食べたあとは、ゆず湯に入って体をぽかぽかに温め、風邪を予防しましょう。

P121_06_4C　P121_06_1C

避けたい「こ食」

子どもの健やかな成長のために、「こ食」の解消について、ぜひ一度ご家庭でも考えてみませんか？

孤食…一人で食べる
個食…家族がそれぞれ違う物を食べる
固食…自分の好きな物だけ食べる

P121_07_4C　P121_07_1C

おもちつきのお知らせ

○月○日はおもちつきがあります。当日は三角巾とエプロンをご準備ください。
子どもたちは「たくさんおもちつくよ！」と、わくわく顔！　いろんな味を楽しめるよう、味つけもたくさん用意しています。

P121_08_4C　P121_08_1C

1月の食育だより

01_otayori → 01gatsu → P122-P123_4C / P122-P123_1C

テーマ例 行事食・郷土料理を味わう

テーマアドバイス

1年のはじまりは、お正月のおせち料理や雑煮、七草がゆ、鏡開きのおしるこなど、伝統行事とともに行事食や郷土料理を食べる機会が多いものです。新年を寿ぎ、祝う心とともに、それぞれの料理のいわれや意味を理解し、日本の伝統文化や郷土の特色を子どもたちに伝えていきましょう。

 POINT
おせち料理や雑煮には、地域ごとに特色があり、それぞれの家庭によっても異なります。「わが家の正月料理」を子どもたちに伝えてもらうように促しましょう。

 POINT
新しい年を祝う1月には、正月の他にも七草や鏡開きなどさまざまな行事があります。それぞれの行事を子どもと一緒に楽しみながら体験し、行事に関連する食材への興味を深めていくように促しましょう。

旬の食材

カリフラワー、だいこん、のざわな、オレンジ、きんかん、みかん、あんこう、きんめだい、ふぐ、わかさぎ

※ビタミンCが豊富な柑橘類には、免疫力をアップして風邪予防の効果もあります。

※A4サイズで収録しています

 P122_01_4C P122_01_1C

★ 飾りケイ

P122_02_4C P122_02_1C

★ 文例 ※P122-P123_1Cに収録しています

冬休み中の体験をうれしそうに伝えてくれる子どもたち。新年を迎えて、ひとまわり大きくなったような気がします。本年も子どもたちの健やかな成長を見守っていきたいと思います。どうぞ宜しくお願い致します。
P123_01_B

冬休み前に子どもたちが一生懸命掃除した保育室で、気持ちよく新しい一年を迎えることができました。新しい年も、子どもたちの好奇心や食欲を育んでいきたいと思います。今年もどうぞ宜しくお願い致します。
P123_02_B

今年もインフルエンザが流行しています。園では、外遊びのあとにうがい・手洗いの習慣をつけています。ご家庭でも、うがい・手洗い、食事の栄養バランスや十分な睡眠など、予防へのご協力をお願い致します。
P123_03_B

進級、進学を控えた時期、子どもたちは心身ともに成長していることを、日々の活動のなかで感じます。これまで以上に、子どもたちの意欲を受け止め、自信につなげていけるよう努めていきたいと思います。
P123_04_B

★ 囲みイラスト・文例

正月の行事食（おせち料理）

色とりどりのおせち料理は、見ているだけで気持ちが華やぎます。見た目の美しさだけではなく、かずのこは「子孫繁栄」、たいは「めでたい」、こんぶは「よろこぶ」、黒豆は「まめに暮らせるように」など、それぞれの食材が持つ意味も伝えてみましょう。意味を知ることで、子どもたちがよりおせち料理を身近に感じることと思います。今年一年の幸せを願って、ご家族で一緒においしく味わえるといいですね。

P123_05_4C　P123_05_1C

郷土料理を味わいましょう

お正月に食べる料理といえば、お雑煮がありますが、地方ごとにお雑煮に入る食材が異なることを知っていますか？　たとえば、東京は四角いおもちに、鶏肉や野菜を合わせて。新潟はイクラやさけ、しいたけなど具だくさん。京都は白味噌で味つけ、おもちは丸。福岡も丸いおもちで、ぶりやしいたけが入っているのが特徴です。地方や家庭で異なる個性が光るお雑煮です。

P123_06_4C　P123_06_1C

春の七草（七草がゆ）

1月7日は、せり・なずな・ごぎょう・はこべら・ほとけのざ・すずな・すずしろの七草が入った七草がゆを食べ、胃腸をいたわりましょう。おかゆの味付けが苦手な子どもには雑煮風やすまし汁にして食べるのもおすすめです。

P123_07_4C　P123_07_1C

鏡びらき

年神様がいる間は鏡もちを飾っておき、松の内が明けたら今度は年神様を送るために、おもちをいただきます。
雑煮やおしるこ、お好きな調味料で、家庭によっていろいろな楽しみ方で味わってみてください。

P123_08_4C　P123_08_1C

2月の食育だより

 ## 丈夫な体をつくる食べ物

テーマアドバイス

2月は1年のなかでも気温が低く、体調を崩しやすい季節です。病気への抵抗力をつけるため、毎日の食事をしっかりとるよう促し、免疫細胞の働きを活発にするビタミンAを多く含む野菜や、体を温めて免疫力を高める食事法など、健康維持に役立つ情報をふんだんに盛り込みましょう。

 節分の豆まきに使う大豆の良質なたんぱく質の紹介を取り上げたり、いわしや節分そばなど、地域によって異なる行事食を紹介してもOK。

 風邪をひいたときの食事は、症状によって避けたほうがよい食材もあるので、症状のケースごとに適切なメニューを紹介してもよいでしょう。

旬の食材

だいこん、しゅんぎく、かぶ、ブロッコリー、こまつな、わかめ、たら、しらうお、わかさぎ、いちご、りんご、みかん

※冬は野菜の甘みが増し、栄養満点。魚介も脂がのっておいしい季節です。

※A4サイズで収録しています

P124_01_4C P124_01_1C

★ 飾りケイ

P124_02_4C P124_02_1C

★ 文例
※ P124-P125_1C に収録しています

外では冷たい風が強く吹きつけるなか、園では節分の豆まきに向けて、子どもたちと豆入れを作りました。個性豊かな豆入れを真剣な表情で集中して作る姿に、成長を感じさせてくれました。

P125_01_B

春とは名ばかりのきびしい冷え込みが続きますが、園では寒さに負けない体力づくりとして、天気のいい日に外遊びや散歩に出ています。給食では、冬野菜を中心に体を温める食材を多く取り入れています。

P125_02_B

吐く息はまだまだ白く、朝晩はとても冷えますが、少しずつ日ざしがやわらかくなっているようです。雪や霜柱、つららといった、この季節ならではの自然に触れる機会をたくさん作っていきたいと思います。

P125_03_B

梅の花も咲き始め、少しずつ春の足音が聞こえてきました。最近は食事の時間に静かな曲調の音楽をかけています。子どもたちは、リラックスした雰囲気で食事を楽しんでいるようです。

P125_04_B

★ 囲みイラスト・文例

丈夫な体をつくる食べ物

病気から子どもの体を守るために、食生活で免疫力を高めましょう。朝は味噌汁や納豆など発酵食品を含むメニューで酵素を摂りましょう。毎日の食事には卵、魚、肉、大豆製品などのたんぱく質を多く含む食品をバランスよく選びましょう。また、野菜や果物からビタミンの摂取を忘れずに。冬は1日に1個、みかんを食べることで手軽にビタミンCを摂ることができます。

P125_05_4C P125_05_1C

節分の行事食

旧暦では立春が1年の始まりとされ、立春の前日である節分には、無病息災を祈って行う豆まきなど、新しい年の厄をはらう行事があります。節分に食べる太巻き寿司を「恵方巻き」といい、その年の恵方を向いて無言でお願いごとをしながら食べきると、縁起がよいとされています。ご家庭で子どもと恵方巻きを作って食べ、楽しく1年の健康と幸せをお祈りしましょう。

P125_06_4C P125_06_1C

風邪には消化のよい食事を

発熱、下痢などの症状を伴う風邪の回復には、十分な水分補給と胃腸にやさしい食事にします。おかゆは水分を多めにして、少量の塩を加えたものを。吐き気がなければ、やわらかく煮た野菜スープや卵がゆなどでもOKです。

P125_07_4C P125_07_1C

栄養がつまった冬野菜

だいこん、かぶ、はくさい、こまつななど、寒い冬に耐えて育つ野菜には、ビタミンAやビタミンCなどの栄養が豊富です。食物繊維を多く含むごぼうやれんこんはお通じをよくし、鍋料理やスープなどにすると、体も温まります。

P125_08_4C P125_08_1C

3月の食育だより

 **1年間の食事を振り返る**

テーマアドバイス

1年も終わりに近づき、4月からは新たなステップに進む子どもたち。この機会に家庭でも1年を振り返り、さまざまな食育習慣の成果について話し合うよう促しましょう。できたこととできなかったことを確認する内容にし、できなかったことは4月からの新たな課題に、できたことは喜び合えるようにしましょう。

POINT 食事は、健康な体をつくるだけでなく、生活の基本となるものです。食のコーディネーターとして、引き続き家庭での食育の大切さを伝えていきましょう。

POINT 3月は、ひな祭りや卒園などの行事、春野菜などを「食育だより」の題材にできます。花粉症への注意や花粉症に効く食材の提案なども効果的です。

旬の食材

なばな、せり、あさつき、さやえんどう、しいたけ、はっさく、あんこう、ほたて、ひじき

※緑黄色野菜には、成長期の子どもに欠かせないβ-カロテンが豊富です。

※ A4サイズで収録しています　P126_01_4C　P126_01_1C

★ 飾りケイ

P126_02_4C　P126_02_1C

★ 文例　※P126-P127_1Cに収録しています

もうすぐひな祭り。今年もおひなさまを出して飾ると、子どもたちは興味津々な様子で見入っています。ご家庭でもひな祭りの行事食を通して、行事の意味を学び、食への興味づけとともに、成長をお祝いしましょう。
P127_01_B

卒園・進級を控えた子どもたちの表情は、自信にあふれてきらきらと輝いています。1年間に身長や体重はどれくらい成長したでしょうか？　1年間のご家庭での食生活も子どもとともに振り返ってみましょう。
P127_02_B

これまで園の年長児として、立派に活躍してくれた年長組さんへ、ありがとうの気持ちを込めてお別れ会を開きます。給食も人気の高かったメニューを用意していますので、お楽しみに。
P127_03_B

3月○日は、1年間の締めくくりとして、全学年でお別れ遠足を行います。卒園を控えた年長組、進級を目前にした年中組、年少組で一緒にゲームをして楽しみます。当日は、お弁当のご用意をお願い致します。
P127_04_B

★ 囲みイラスト・文例

1年間の食事を振り返りましょう

この1年を通して、どれだけ旬の食材を味わえたでしょうか？　春はなのはな、春キャベツ、夏はなすやピーマン、秋はくりにさんま、さつまいも、冬ははくさいにだいこん……園で収穫したものもあります。旬の味を知ることで、それぞれの食材が持つおいしさを、伝えていけたらと思います。また、三食の食事のバランスや食事のマナーは守れていたでしょうか？　ご家庭でも1年間の食事を振り返ってみましょう。

P127_05_4C　P127_05_1C

ひな祭りの行事食

ひな祭りには、昔からちらし寿司やはまぐりのお吸い物を食べる習わしがあります。ちらし寿司のえびには「長生き」、れんこんは「見通しがきく」、豆には「健康でまめに働ける」という、縁起かつぎがあります。はまぐりは2枚の貝がらがぴったり合う様子から、「夫婦なかよく」の意味があり、昔は花嫁道具として持たせていました。女の子の幸せを願った行事食です。

P127_06_4C　P127_06_1C

生活習慣病の予防を

3歳ごろからの急な体重増加は、内臓脂肪の蓄積となり、高血圧、糖尿病へのリスクを高める恐れがあります。生活リズムの乱れ、運動不足やお菓子の食べすぎ、偏食など、食生活や習慣の見直しをお願い致します。

P127_07_4C　P127_07_1C

リクエスト給食を行います

お別れ給食では、子どもたちからのリクエストを受けて、メニューを決定します。今までの給食で思い出に残っているもの、また食べたいと思うもの、好きな献立などを聞いて、ビュッフェ形式でいただきます。

P127_08_4C　P127_08_1C

素材 給食の献立表

02_kondate → P128-P129_4C
→ P128-P129_1C

POINT 毎月の給食の献立表は、前月末に各家庭に配布するようにします。献立表には、各食事のカロリー、原材料、三色食品群の分類などを細かく掲載してもよいでしょう。
献立表の余白に、食に関するイベントのお知らせ、お願いしたいこと、食育の情報、給食や食事のレシピ、今月の目標などを掲載して、読みやすくする工夫も大切です。

★ 献立表例（横型）

※ A3サイズで収録しています。

P128_01_4C　P128_01_1C

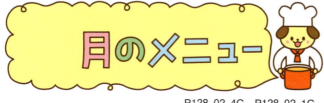

P128_02_4C　P128_02_1C

P128_03_4C　P128_03_1C

★ 献立表例（縦型）

10月の献立表

○○○○園　　　　　　　　　　　　　　　　　　　　　　　　　　　　　　　　　　　　○○○○年○月

日	曜日	午前おやつ （3歳末満児のみ）	昼食	午後おやつ
1	日		お休み	
2	月	クッキー、麦茶	山菜おこわ、みそ汁、アジの南蛮漬け、ポテトサラダ、牛乳、みかん	ドーナツ、牛乳
3	火	おやき、麦茶	【お誕生日会】ピラフ、コーンスープ、から揚げ、牛乳、フルーツポンチ	パンケーキ、牛乳
4	水			
5	木			
6	金			
7	土			
8	日		お休み	
9	月		お休み	
10	火			
11	水			
12	木			
13	金			
14	土			
15	日		お休み	
16	月			
17	火			
18	水			
19	木			
20	金			
21	土			
22	日		お休み	
23	月			
24	火			
25	水			
26	木			
27	金			
28	土			
29	日		お休み	
30	月			
31	火			

※都合により献立は変更になることがありますのでご了承ください。

お知らせ

10月3日（火）　お誕生日会
10月7日（土）　参観日
10月20日（金）　お弁当の日
参観日には親子クッキングを行います。
エプロンと三角巾を持参してください。

子どもが元気になる食事

元気な1日のスタートは朝ごはんから。朝食をしっかりとるためにも、夕食は早めにして睡眠中は胃腸を休ませましょう。メニューは簡単でも、栄養バランスを考え、食べやすく、できるだけ家族そろって楽しく食事をすることで心の元気もチャージできます。

目によい食べ物

目によい食べ物といえば、ビタミンAやCを多く含む緑黄色野菜、ビタミンAやB群を多く含むレバーや豚肉などが挙げられます。また、魚に含まれるDHAやブルーベリーの色素であるアントシアニンも、疲れ目の改善や視力の回復に効果があるとして注目されています。

※A3サイズで収録しています

P129_01_4C　P129_01_1C

4章　データ集　食育だより素材　▼　給食の献立表

P129_02_4C　P129_02_1C

P129_03_4C　P129_03_1C

イラスト素材 春・夏

03_illust → 01_kisetsu → P130_4C / P130_1C

P130_01_4C P130_01_1C

P130_02_4C P130_02_1C

P130_03_4C P130_03_1C

P130_04_4C P130_04_1C

P130_05_4C P130_05_1C

P130_06_4C P130_06_1C

P130_07_4C P130_07_1C

P130_08_4C P130_08_1C

P130_09_4C P130_09_1C

P130_10_4C P130_10_1C

P130_11_4C P130_11_1C

P130_12_4C P130_12_1C

P130_13_4C P130_13_1C

P130_14_4C P130_14_1C

P130_15_4C P130_15_1C

P130_16_4C P130_16_1C

P130_17_4C P130_17_1C

P130_18_4C P130_18_1C

P130_19_4C P130_19_1C

P130_20_4C P130_20_1C

イラスト素材 秋・冬

03_illust → 01_kisetsu → P131_4C / P131_1C

P131_01_4C　P131_01_1C

P131_02_4C　P131_02_1C

P131_03_4C　P131_03_1C

P131_04_4C　P131_04_1C

P131_05_4C　P131_05_1C

P131_06_4C　P131_06_1C

P131_07_4C　P131_07_1C

P131_08_4C　P131_08_1C

P131_09_4C　P131_09_1C

P131_10_4C　P131_10_1C

P131_11_4C　P131_11_1C

P131_12_4C　P131_12_1C

P131_13_4C　P131_13_1C

P131_14_4C　P131_14_1C

P131_15_4C　P131_15_1C

P131_16_4C　P131_16_1C

P131_17_4C　P131_17_1C

P131_18_4C　P131_18_1C

P131_19_4C　P131_19_1C

P131_20_4C　P131_20_1C

4章 データ集　食育だより素材　イラスト 春・夏／秋・冬

イラスト素材

野菜

03_illust → 02_shokuzai → P132_4C / P132_1C

キャベツ

P132_01_4C　P132_01_1C

はくさい

P132_02_4C　P132_02_1C

ほうれんそう

P132_03_4C　P132_03_1C

ピーマン

P132_04_4C　P132_04_1C

なす

P132_05_4C　P132_05_1C

トマト

P132_06_4C　P132_06_1C

にんじん

P132_07_4C　P132_07_1C

じゃがいも

P132_08_4C　P132_08_1C

さつまいも

P132_09_4C　P132_09_1C

とうもろこし

P132_10_4C　P132_10_1C

さやいんげん

P132_11_4C　P132_11_1C

ブロッコリー

P132_12_4C　P132_12_1C

長ねぎ

P132_13_4C　P132_13_1C

たまねぎ

P132_14_4C　P132_14_1C

ごぼう

P132_15_4C　P132_15_1C

しいたけ

P132_16_4C　P132_16_1C

たけのこ

P132_17_4C　P132_17_1C

だいこん

P132_18_4C　P132_18_1C

きゅうり

P132_19_4C　P132_19_1C

かぼちゃ

P132_20_4C　P132_20_1C

※文字はデータには含まれません。

イラスト素材

くだもの

03_illust → 02_shokuzai → P133_4C / P133_1C

いちご

P133_01_4C　P133_01_1C

りんご

P133_02_4C　P133_02_1C

さくらんぼ

P133_03_4C　P133_03_1C

もも

P133_04_4C　P133_04_1C

パイナップル

P133_05_4C　P133_05_1C

レモン

P133_06_4C　P133_06_1C

バナナ

P133_07_4C　P133_07_1C

みかん

P133_08_4C　P133_08_1C

キウイフルーツ

P133_09_4C　P133_09_1C

メロン

P133_10_4C　P133_10_1C

ぶどう
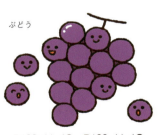
P133_11_4C　P133_11_1C

グレープフルーツ

P133_12_4C　P133_12_1C

すいか
P133_13_4C　P133_13_1C

洋なし

P133_14_4C　P133_14_1C

びわ
P133_15_4C　P133_15_1C

ブルーベリー

P133_16_4C　P133_16_1C

ゆず

P133_17_4C　P133_17_1C

うめぼし
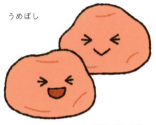
P133_18_4C　P133_18_1C

かき

P133_19_4C　P133_19_1C

くり

P133_20_4C　P133_20_1C

4章 データ集　食育だより素材 ▼ イラスト 野菜／くだもの

イラスト素材

肉・魚・豆類

P134_01_4C　P134_01_1C

P134_02_4C　P134_02_1C

P134_03_4C　P134_03_1C

あさり

しじみ
P134_04_4C　P134_04_1C

P134_05_4C　P134_05_1C

うなぎ
P134_06_4C　P134_06_1C

P134_07_4C　P134_07_1C

かじきまぐろ

P134_08_4C　P134_08_1C

いわし

P134_09_4C　P134_09_1C

さんま

P134_10_4C　P134_10_1C

P134_11_4C　P134_11_1C

P134_12_4C　P134_12_1C

P134_13_4C　P134_13_1C

わかめ

P134_14_4C　P134_14_1C

さば

P134_15_4C　P134_15_1C

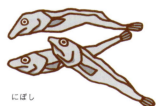
にぼし
P134_16_4C　P134_16_1C

P134_17_4C　P134_17_1C

P134_18_4C　P134_18_1C

P134_19_4C　P134_19_1C

P134_20_4C　P134_20_1C

イラスト素材 料理・加工品

03_illust → 02_shokuzai → P135_4C / P135_1C

P135_01_4C　P135_01_1C

P135_02_4C　P135_02_1C

P135_03_4C　P135_03_1C

P135_04_4C　P135_04_1C

P135_05_4C　P135_05_1C

P135_06_4C　P135_06_1C

P135_07_4C　P135_07_1C

P135_08_4C　P135_08_1C

P135_09_4C　P135_09_1C

P135_10_4C　P135_10_1C

P135_11_4C　P135_11_1C

P135_12_4C　P135_12_1C

P135_13_4C　P135_13_1C

P135_14_4C　P135_14_1C

P135_15_4C　P135_15_1C

P135_16_4C　P135_16_1C

P135_17_4C　P135_17_1C

P135_18_4C　P135_18_1C

P135_19_4C　P135_19_1C

P135_20_4C　P135_20_1C

4章 データ集　食育だより素材 ▼ イラスト 肉・魚・豆類／料理・加工品

イラスト素材 食器・その他

03_illust → 03_shokki → P136_4C / P136_1C

P136_01_4C　P136_01_1C

P136_02_4C　P136_02_1C

P136_03_4C　P136_03_1C

P136_04_4C　P136_04_1C

P136_05_4C　P136_05_1C

P136_06_4C　P136_06_1C

P136_07_4C　P136_07_1C

P136_08_4C　P136_08_1C

P136_09_4C　P136_09_1C

P136_10_4C　P136_10_1C

P136_11_4C　P136_11_1C

P136_12_4C　P136_12_1C

P136_13_4C　P136_13_1C

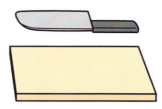

P136_14_4C　P136_14_1C

P136_15_4C　P136_15_1C

P136_16_4C　P136_16_1C

P136_17_4C　P136_17_1C

P136_18_4C　P136_18_1C

P136_19_4C　P136_19_1C

P136_20_4C　P136_20_1C

イラスト素材

食事風景①

03_illust → 04_shokuji → P137_4C / P137_1C

P137_01_4C　P137_01_1C

P137_02_4C　P137_02_1C

P137_03_4C　P137_03_1C

P137_04_4C　P137_04_1C

P137_05_4C　P137_05_1C

P137_06_4C　P137_06_1C

P137_07_4C　P137_07_1C

P137_08_4C　P137_08_1C

P137_09_4C　P137_09_1C

P137_10_4C　P137_10_1C

P137_11_4C　P137_11_1C

P137_12_4C　P137_12_1C

P137_13_4C　P137_13_1C

P137_14_4C　P137_14_1C

P137_15_4C　P137_15_1C

P137_16_4C　P137_16_1C

P137_17_4C　P137_17_1C

P137_18_4C　P137_18_1C

4章 データ集　食育だより素材／イラスト 食器・その他／食事風景①

イラスト素材

食事風景②

03_illust → 04_shokuji → P138_4C / P138_1C

P138_01_4C P138_01_1C

P138_02_4C P138_02_1C

P138_03_4C P138_03_1C

P138_04_4C P138_04_1C

P138_05_4C P138_05_1C

P138_06_4C P138_06_1C

P138_07_4C P138_07_1C

P138_08_4C P138_08_1C

P138_09_4C P138_09_1C

P138_10_4C P138_10_1C

P138_11_4C P138_11_1C

P138_12_4C P138_12_1C

P138_13_4C P138_13_1C

P138_14_4C P138_14_1C

P138_15_4C P138_15_1C

P138_16_4C P138_16_1C

P138_17_4C P138_17_1C

P138_18_4C P138_18_1C

栽培・飼育

イラスト素材

03_illust → 05_saibai → P139_4C / P139_1C

P139_01_4C　P139_01_1C

P139_02_4C　P139_02_1C

P139_03_4C　P139_03_1C

P139_04_4C　P139_04_1C

P139_05_4C　P139_05_1C

P139_06_4C　P139_06_1C

P139_07_4C　P139_07_1C

P139_08_4C　P139_08_1C

P139_09_4C　P139_09_1C

P139_10_4C　P139_10_1C

P139_11_4C　P139_11_1C

P139_12_4C　P139_12_1C

P139_13_4C　P139_13_1C

P139_14_4C　P139_14_1C

P139_15_4C　P139_15_1C

P139_16_4C　P139_16_1C

P139_17_4C　P139_17_1C

P139_18_4C　P139_18_1C

4章 データ集　食育だより素材 ▼ イラスト　食事風景②／栽培

イラスト素材 飾り文字

P140_01_4C P140_01_1C

P140_02_4C P140_02_1C

P140_03_4C P140_03_1C

P140_04_4C P140_04_1C

P140_05_4C P140_05_1C

P140_06_4C P140_06_1C

P140_07_4C P140_07_1C

P140_08_4C P140_08_1C

P140_09_4C P140_09_1C

P140_10_4C P140_10_1C

P140_11_4C P140_11_1C

P140_12_4C P140_12_1C

イラスト素材

飾りワク

03_illust → 06_kazari → P141_4C / P141_1C

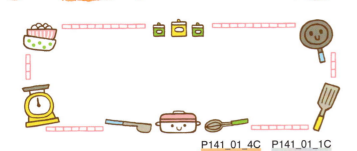
P141_01_4C　P141_01_1C

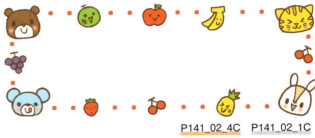
P141_02_4C　P141_02_1C

P141_03_4C　P141_03_1C

P141_04_4C　P141_04_1C

P141_05_4C　P141_05_1C

P141_06_4C　P141_06_1C

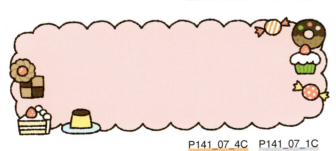
P141_07_4C　P141_07_1C

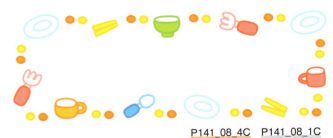
P141_08_4C　P141_08_1C

P141_09_4C　P141_09_1C

P141_10_4C　P141_10_1C

4章　データ集　食育だより素材　イラスト　飾り文字／飾りワク

イラスト素材

飾りケイ

P142_01_4C　P142_01_1C

P142_02_4C　P142_02_1C

P142_03_4C　P142_03_1C

P142_04_4C　P142_04_1C

P142_05_4C　P142_05_1C

P142_06_4C　P142_06_1C

P142_07_4C　P142_07_1C

P142_08_4C　P142_08_1C

P142_09_4C　P142_10_4C　P142_11_4C　P142_12_4C
P142_09_1C　P142_10_1C　P142_11_1C　P142_12_1C

母乳・ミルク（0〜2歳）

母乳の栄養素と与え方

母乳には、赤ちゃんが成長するために必要な栄養素がバランスよく含まれています。赤ちゃんが欲しがるだけ飲ませましょう。赤ちゃんがおっぱいを吸うことで母乳の分泌がよくなり、1日5回を目安に授乳のリズムが整ってきます。なお、アレルギーを心配して特定の食品を控えることは、医学的に効果がないとされています。自己判断の除去はせず、まんべんなく栄養を摂ることが大事です。

ミルクの栄養素と与え方

粉ミルクは牛乳を原料に加工され、赤ちゃんに必要な栄養素を加えるなどして、母乳の成分に大変近いものになっています。調乳の際はミルク缶の表示に従って、濃さを勝手に変えないようにしましょう。また、ミルクの場合も、母乳と同様に与えるときは抱っこが基本です。赤ちゃんが自分で哺乳瓶を持てるようになっても、なるべく抱っこでスキンシップをとりながら飲ませましょう。

母乳の冷凍保存

園では冷凍保存の母乳をお預かりしています。細菌感染を予防するため、搾乳・保存は以下の点に注意してください。

❶乳頭と手指を清潔にし、搾乳器を使う場合は衛生に注意する。
❷母乳バッグに入れ、空気を抜いてから口を留める。氏名、搾乳年月日、搾乳時間、搾乳量を正確に記入する。
❸すみやかに冷凍保存する。
❹登園時に、必ず保冷バッグに入れてお持ちください。

※お預かりする冷凍母乳は、冷凍後1週間以内のものに限ります。
※溶け始めているものは、お預かりできません。

哺乳瓶の消毒方法

哺乳瓶は、雑菌が繁殖しやすいです。菌に対する抵抗力がついてくる5〜6か月までは消毒が必要です。
煮沸消毒をする場合は、深めの鍋に水をたっぷり入れて沸騰させ、約10分間入れて加熱します。乳首は熱に弱いので3分程度で取り出しましょう。
市販の消毒薬につけ置く場合は、説明書にきちんと従って消毒を。また、電子レンジを使って消毒が行える消毒用品も市販されています。

離乳食（0〜2歳）

5、6か月頃の離乳食

【1日の回数】1日1回
【食材】10倍がゆから始めて、いも類や果物類、にんじん、かぶなどのくせのない野菜を与えます。慣れたら豆腐、白身魚などのたんぱく質を加えます。
【調理の形状・味つけ】なめらかにすりつぶしたポタージュ状にします。慣れてきたらペースト状にします。味つけはしないで素材の味を教えましょう。
【1回の目安量】小さじ1からスタートし、様子をみながら増やします。
【与え方】大人が抱っこして与えます。

7、8か月頃の離乳食

【1日の回数】1日2回
【食材】おかゆは7倍がゆにします。鶏ささ身やレバー、まぐろ、さけ、ツナ（水煮）、納豆、ヨーグルトなど使用できるたんぱく質の種類が増えます。
【調理の形状・味つけ】舌でつぶせる絹ごし豆腐くらいのかたさにします。素材のままの味で与え、味つけはしません。
【1回の目安量】子ども用茶わん半分〜7分目くらい。
【与え方】いすに座らせて大人が食べさせます。

9〜11か月頃の離乳食

【1日の回数】1日3回
【食材】おかゆは5倍がゆにします。豚肉や牛肉、青魚や植物油も使用できます。卵は全卵を与えることができます。
【調理の形状・味つけ】歯ぐきでつぶせるバナナくらいのかたさが目安です。少量なら砂糖、塩、しょうゆ、みそなどが使えますが、薄味を心がけましょう。
【1回の目安量】子ども用茶わん1杯くらい。
【与え方】手づかみ食べを始めます。コップの練習も始めます。

1歳〜1歳半頃の離乳食

【1日の回数】1日3回＋おやつ
【食材】軟飯が食べられるようになります。食材は、大人とほぼ同じものが使用できますが、刺激物やかたいもの、繊維が多い肉、生の野菜などは与えません。
【調理の形状・味つけ】肉団子くらいのかたさが目安。はちみつやトマトケチャップ、マヨネーズなども使えます。
【1回の目安量】子ども用茶わん1杯〜1杯半くらい。
【与え方】大人と一緒に食べます。手づかみ食べを積極的にさせましょう。

離乳食の開始の目安

赤ちゃんは、5～6か月になると、母乳やミルク以外のものが少しずつ消化できるようになります。ふだんの様子を観察して、❶首がすわって大人が支えるとお座りができる、❷大人の食事をじっと見たり、食べ物を見ると欲しそうによだれや声を出す、❸授乳の間隔がだいたい4時間おきになっているなどが見られたら、赤ちゃんのきげんがいいときに離乳食を開始しましょう。

離乳食でアレルギー症状が出たら

離乳食を食べたあとに、じんましんや下痢、おう吐などのアレルギー症状が出た場合は、すぐに、小児科を受診しましょう。赤ちゃんの成長のためには、バランスよく栄養をとることが大事です。自己判断で食事制限を行わず、離乳食は医師の指示に従って進めるようにします。
なお、アレルギー反応が出たときに原因が特定できるよう、初めての食材は単品で与えるようにしましょう。

離乳食を食べたがらないときは？

9～11か月ごろになると、食欲不振になることがあります。食べないときは、食材、調理法や味つけを変えて少しずつ与えてみましょう。
ただし、無理強いはしないこと。生活リズムを整えながら、しばらくするとすんなり食べることもあります。

離乳食用食器の選び方

赤ちゃんが使うスプーンは、柄が握りやすく、くぼみが浅いものを選びます。
フォークは、溝が深めのほうが食べ物を刺しやすく、麺類もからめやすいでしょう。
お皿は、縁が直角に立ち上がっているほうが、食べ物が簡単にすくえます。

離乳食を与えるときは声かけを

離乳食は、赤ちゃんに栄養を与えるだけでなく、食べることの楽しさを教えることが大切です。赤ちゃんの様子を見ながらひとさじずつ与え、「おいしいよ」「にんじんだよ」など、やさしく声かけをしましょう。

離乳食を与える時間

離乳食は決まった時間に与え、3回食になったらできるだけ家族と一緒に食べさせるようにします。食事にかける時間は20～30分が目安ですが、赤ちゃんには個人差があります。自分で食べる意欲があったら時間がかかってもせかさないようにしましょう。

食べ方（0〜2歳）

手づかみ食べをしっかりさせましょう

10か月ごろになると、食べ物を手づかみで食べようとする赤ちゃんが増えてきます。手づかみ食べは、「自分で食べる」ことのスタートですから、積極的にさせたいもの。ゆでたにんじんやトーストなどをスティック状に切ったもの、ひと口大のおにぎりやおやきなど、手づかみしやすいメニューを用意しましょう。手づかみ食べをしっかりさせることで、自分で食べる意欲が育ちます。

食感を楽しむ工夫で噛む力をUP

上手に食べるためには、食べ物を噛みつぶす力だけでなく、食べ物に合わせて噛み方を調整する力も必要です。離乳食が完了する1歳以降は、さまざまな食材をいろいろな調理法で与えることができます。「モチモチ」「カリカリ」「パリパリ」など、いろんな食感を体験できるよう調理を工夫して。食事中は、「噛むとどんな音がするかな？」などと声をかけ、楽しみながら噛む力をつけましょう。

遊び食べへの対応

乳幼児は、ある程度おなかが満足すると、食事に集中できなくなります。食べ物や食器で遊んだり、いすから下りて立ち歩くなど遊び食べを始めたら、「ちゃんと食べようね」と声をかけ、赤ちゃんの場合は大人が食べさせましょう。それでも口を開けなくなったら食事の切り上げ時です。「もうごちそうさまにしていいかな？」と確認して、食べる様子がなければ食器を下げてしまいます。

水分補給はこまめに

子どもは大人に比べ、身体の水分量の割合が多いので、脱水症状を予防するためにも、水分補給が重要です。子どもが欲しがるときだけでなく、運動後や入浴後、汗をかいたときなどが水分補給のタイミングです。甘い飲み物を避け、麦茶や湯冷ましなどを与えましょう。6か月くらいまでは母乳やミルクで大丈夫です。発熱時など、大量に汗をかいたときは乳幼児用のイオン飲料が適しています。

おやつは栄養を補うものにしましょう

子どもは、1回に食べる量が少ないので、食事だけで十分に栄養を摂ることができません。そこで、足りない栄養を補うために与えるのがおやつです。子どものおやつとして適しているのは、野菜入り蒸しパンやおやき、ヨーグルトやチーズなどの乳製品やおにぎり、果物など。少量のお楽しみ程度ならかまいませんが、お菓子は栄養を考えた組み合わせにしましょう。

便秘や下痢のときの食事

食物繊維が多い食べ物は便秘の解消に効果があります。ほうれんそうなどの野菜類やいも類、プルーンや柑橘系の果物などをメニューに加えましょう。水分を十分に摂ることも大事です。
一方、下痢のときは、おかゆやうどん、白身魚、豆腐など消化がいいものを与えましょう。肉類や揚げ物など脂肪を多く含むものや繊維質が多い海藻や根菜、乳製品や柑橘類は控えるようにします。

食事はマナーよりも楽しさ優先で

食事は、楽しく食べることがいちばんです。0〜2歳児は、まだマナーは二の次で大丈夫。大人と一緒の食卓で、和やかに会話をしながら食事をさせましょう。食べこぼしが気になる場合は、テーブルの下にシートを敷きます。

離乳食の完了と幼児食

食事からほぼすべての栄養を摂ることができ、奥の歯ぐきで食べ物を噛みつぶすようになったら離乳食は卒業です。食材をもう少し大きく少しかために調理して幼児食に進みましょう。まだ刺激が強い香辛料は控え、味つけは控えめにします。

食事の前後には手洗いの習慣を

食事の前は、手を清潔にするとともに、「これからごはんを食べるよ」という合図の意味で手洗いをします。食べ終わったら「ごちそうさま」をして、食べ物で汚れた手を洗いましょう。食事の前後の手洗いは、習慣にすることが大事です。

食が細い子やむら食べには

食べる量には個人差があります。少食でも、成長曲線に沿っていてバランスよく食べていれば心配いりません。また、子どもはそのときの気分で食欲が変わることも。2〜3日単位でトータルで食べていればむら食べは気にしないで。

イラスト素材 ミルク・食器（0〜2歳）

 → → P148_4C
 P148_1C

03_illust　07_milk

P148_01_4C　P148_01_1C

P148_02_4C　P148_02_1C

P148_03_4C　P148_03_1C

P148_04_4C　P148_04_1C

P148_05_4C　P148_05_1C

P148_06_4C　P148_06_1C

P148_07_4C　P148_07_1C

P148_08_4C　P148_08_1C

P148_09_4C　P148_09_1C

P148_10_4C　P148_10_1C

P148_11_4C　P148_11_1C

P148_12_4C　P148_12_1C

P148_13_4C　P148_13_1C

P148_14_4C　P148_14_1C

P148_15_4C　P148_15_1C

P148_16_4C　P148_16_1C

P148_17_4C　P148_17_1C

P148_18_4C　P148_18_1C

P148_19_4C　P148_19_1C

P148_20_4C　P148_20_1C

イラスト素材

食事風景（0〜2歳）

 → → P149_4C
 P149_1C
03_illust　04_shokuji

4章　データ集

食育だより素材 ▼ イラスト　ミルク・食器／食事風景（0〜2歳）

P149_01_4C　P149_01_1C

P149_02_4C　P149_02_1C

P149_03_4C　P149_03_1C

P149_04_4C　P149_04_1C

P149_05_4C　P149_05_1C

P149_06_4C　P149_06_1C

P149_07_4C　P149_07_1C

P149_08_4C　P149_08_1C

P149_09_4C　P149_09_1C

P149_10_4C　P149_10_1C

P149_11_4C　P149_11_1C

P149_12_4C　P149_12_1C

P149_13_4C　P149_13_1C

P149_14_4C　P149_14_1C

P149_15_4C　P149_15_1C

P149_16_4C　P149_16_1C

P149_17_4C　P149_17_1C

P149_18_4C　P149_18_1C

P149_19_4C　P149_19_1C

P149_20_4C　P149_20_1C

食と健康だより

01_otayori → 14_kenko → P150_4C / P150_1C

テーマ例 健康な体にしてくれる食べ物を知る

テーマアドバイス

体を作り、健康を保つためにはバランスのとれた食事をすることが大切です。どの食べ物をどれくらい食べたらよいのか、どんな栄養が含まれているのかを、まず、食事を提供する大人が理解していなくてはなりません。「食育だより」を通して、健康維持に必要な情報を伝えていくようにしましょう。

POINT 何を、いつ、どれくらい食べたらよいのかを伝えるようにしましょう。また、それぞれの栄養素について、その効能やどんな食材に含まれているのかを知らせるようにすると、栄養を摂取することへの意識が高まります。

POINT 三色食品群の分類は、保育の現場で子どもに教えるとともに、「食育だより」を通して保護者にも伝えましょう。家庭でも、子どもと一緒に、食材の分類を意識した食生活を送ることができると、身につきやすくなります。

※A4サイズで収録しています　P150_01_4C　P150_01_1C

★ 文例　※P150_1Cに収録しています

毎日、栄養のバランスがとれた食事をしていますか？ 偏った食生活をしていると、体の調子を崩してしまい、体力も持ちません。よく噛んで、さまざまな食べ物から栄養を摂るようにしていきましょう。

P150_02_B

1日3食、好き嫌いをせずに何でも食べると、心も体も健康になります。幼児期は味覚の幅を広げる時期です。甘い、塩辛い、旨い、苦い、すっぱいなど、いろいろな食材の味を体験させてあげましょう。

P150_03_B

囲み素材

健康①

栄養バランスを考えた食事を心がけて

子どもの食事は、「何を」「どのくらい」食べさせるかがポイントです。3～5歳児の1日の食事は、主食：ごはんなら3～4杯、主菜：肉・魚・卵・大豆料理なら3皿程度、牛乳・乳製品：牛乳なら1本程度、副菜：野菜料理4皿程度、果物：みかんなら1～2個が目安とされています。肉類や油脂の多い料理に偏ったり野菜不足にならないよう、栄養バランスを考えた食事を心がけましょう。

カルシウムで骨を強くする

骨の成長が活発な子ども時代にカルシウムを十分摂取することは、強い骨や歯を作るだけでなく、将来の骨粗しょう症予防にも役立ちます。カルシウムは、牛乳やヨーグルト、チーズなどの乳製品や小魚、豆腐や納豆などの大豆製品、海藻に多く含まれます。なかでも、カルシウムの吸収率が高いのは牛乳や乳製品。また、小魚は、しらす干しや佃煮など骨ごと食べられるものがおすすめです。

ビタミンを摂取して免疫力アップ！

ビタミンには、体の調子を整える役割があります。たとえば、緑黄色野菜に多く含まれるビタミンAは粘膜や皮膚の健康を維持し、ブロッコリーや果物のかきに多く含まれるビタミンCはコラーゲンの生成を助け、白血球の働きを強化します。また、かぼちゃや赤ピーマンに多く含まれるビタミンEには抗酸化作用があります。ビタミンを積極的に取り入れて体の免疫力をアップさせましょう。

ミネラルを多く含む食べ物

ミネラルは、体内で合成できないため、食物から摂取する必要があります。ミネラルは体の調子を整えたり脳の働きに関係しますので、不足しないようにしましょう。

ミネラルを多く含む食べ物の例
- カリウム…豆類、いも類など
- カルシウム…乳製品、魚など
- リン…穀類、肉、魚など
- 鉄…大豆製品、こまつななど
- 亜鉛…卵、たけのこなど

囲み素材

健康②

成長に必要な栄養素

　3～5歳児の1日のエネルギー量は、1250～1300kcalが目安とされています。食事は、さまざまな栄養素をバランスよくとることが大事ですが、とりわけ子どもの成長に重要な役割を果たすのは、筋肉や骨、成長ホルモンの形成に欠かせないたんぱく質や、血液や骨の形成に関係する鉄やカルシウムなど。これらをしっかり摂取するためにも、お菓子の与えすぎには注意しましょう。

腸の調子を整えましょう

　1日を元気に過ごすには、快眠、快食と共に「快便」がポイントです。うんちを出やすくするには、朝食を必ず食べることが大事。ごぼう、たまねぎ、だいず、バナナなど、オリゴ糖を多く含む食品をとると、腸内細菌のバランスがよくなります。また、便秘の予防には、海藻やいも類、野菜など食物繊維が多い食べ物が効果的です。腸の調子を整えて1日をスッキリスタートさせましょう。

食物アレルギーとは

　体内に異物（アレルゲン）が侵入したときに、それを排除するための免疫反応が過剰に働いた状態をアレルギーと言います。食物アレルギーは、本来は異物ではない食品を体が異物と判断し、かゆみやじんましんから呼吸困難まで、さまざまな症状が起こります。
　アレルゲンとなる食物はさまざまですが、乳幼児期に特に多いのは3大アレルゲンと呼ばれる卵、牛乳、小麦です。

食品添加物に気をつけて

　食品添加物は、食品の製造過程、または食品の加工・保存の目的で使用される保存料、甘味料、着色料、香料などのことをいいます。食品添加物は、厚生労働省により成分の規格や使用基準が定められていますが、他の食材に比べて使用の歴史が浅く、なかには人体への害が疑われるものもあります。子どもには、できるだけ食品添加物が使われていない食べ物を与えるのが望ましいでしょう。

囲み素材

健康③

子どもが元気になる食事

元気な1日のスタートは朝ごはんから。朝食をしっかりとるためにも、夕食は早めにして睡眠中は胃腸を休ませましょう。メニューは、簡単でも栄養バランスを考え、食べやすく。できるだけ家族そろって楽しく食事をすることで心の元気もチャージできます。

目によい食べ物

目によい食べ物といえば、ビタミンAやCを多く含む緑黄色野菜、ビタミンAやB群を多く含むレバーや豚肉などが挙げられます。また、魚に含まれるDHAやブルーベリーの色素であるアントシアニンも、疲れ目の改善や視力の回復に効果があるとして注目されています。

体を温める食べ物

鍋やうどん、雑炊、シチューなどは体を温めてくれる定番メニュー。長ねぎ、たまねぎ、しょうが、にんにくなどを使うとより効果的です。体が温まって血液の循環がよくなると、免疫機能が高まり風邪の予防になります。朝食にも温かいみそ汁やスープを添えるといいでしょう。

子どもにサプリメントは必要？

不足する栄養を補う「食品」としてのサプリメントは、子どもには必要ありません。食べ物から噛むことを学んだり、味を記憶していく大切な時期だからです。子どもに多少の好き嫌いがあっても、根気よく励まして、食べさせましょう。

だ液の働き

だ液には、食物を消化しやすくしたり、むし歯を予防する働きがあります。また、殺菌作用を持つ物質が含まれているため、風邪などの原因となる細菌の侵入を防ぐ効果も。さらに、私たちがスムーズに話したり歌ったりできるのも、だ液が潤滑剤になっているおかげです。

花粉症に効果的な食べ物

野菜類や青魚を積極的に食べることは花粉症の症状を抑える効果があるとされています。また、しそや甜茶、ヨーグルト、緑茶なども症状の緩和が期待される食品といわれています。効果には個人差がありますが、食事にこれらの食品を取り入れてみるのも花粉症対策のひとつです。

イラスト素材

健康

 → →
03_illust   08_kenko   P154_4C

P154_1C

P154_01_4C　P154_01_1C

P154_02_4C　P154_02_1C

P154_03_4C　P154_03_1C

P154_04_4C　P154_04_1C

P154_05_4C　P154_05_1C

P154_06_4C　P154_06_1C

P154_07_4C　P154_07_1C

P154_08_4C　P154_08_1C

P154_09_4C　P154_09_1C

P154_10_4C　P154_10_1C

P154_11_4C　P154_11_1C

P154_12_4C　P154_12_1C

P154_13_4C　P154_13_1C

P154_14_4C　P154_14_1C

P154_15_4C　P154_15_1C

P154_16_4C　P154_16_1C

P154_17_4C　P154_17_1C

P154_18_4C　P154_18_1C

ポスター素材

健康

 → →
04_poster　01_kenko　P155_4C

※ A3サイズで収録しています

P155_01_4C

P155_02_4C

P155_03_4C

P155_04_4C

4章 データ集　食と健康だより素材 ▼ イラスト 健康／ポスター 健康

食と衛生だより

テーマ例　衛生に気をつけて食生活を安全に

テーマアドバイス

不衛生な手や環境で食事をすると、悪いウイルスが体内に侵入しやすくなります。また、食器や食材に食中毒の原因菌が付着することもあります。保育の現場で手洗いやうがいの習慣化を心がけ、「食育だより」を通して、家庭でも衛生管理を徹底してもらうように注意喚起していきましょう。

POINT 給食室が行っている食中毒対策の姿勢を伝えることで、安心感を与えることができます。また、家庭でできる食中毒予防方法も掲載するとよいでしょう。

POINT 手洗いの注意喚起のほかに、手洗い方法（P.159のポスター）や歯磨き方法など、子どもや保護者に注意を喚起するポスターを掲載してもよいでしょう。

POINT 幼児期は歯磨きがまだうまくできません。磨き残しがあるとむし歯の原因にもなりますので、仕上げ磨きの必要性を伝えるようにしましょう。

※ A4サイズで収録しています　　P156_01_4C　P156_01_1C

★ 文例　※ P156_1C に収録しています

食中毒は目に見えないウイルスとの闘いです。加熱調理やアルコール消毒を行うことで、発生リスクを軽減できます。園での調理でも、加熱や消毒をしっかり行い、衛生管理を徹底してまいります。

P156_02_B

食中毒は1年中発生する恐れがあります。ご家庭でも食中毒への予防をしっかり行うようにしてください。子どもと一緒に食前に手洗い、食後にうがいを習慣づけるようにお願い致します。

P156_03_B

衛生

食中毒への対策（給食室より）

食中毒の原因となるウイルスや細菌のほとんどは、加熱することで退治できます。園での調理は、料理が中心まで十分に加熱されているか温度計で測定し（75℃で1分以上）、調理器具や食器、ふきん、スポンジなどは、熱湯や次亜塩素酸ナトリウムで消毒しています。また、調理師はマスクを着用し、しっかり手洗いをした上で、アルコール消毒を行うなど食中毒の予防に努めています。

食中毒の種類と家庭での予防

食中毒の中で発生件数が多いのはサルモネラ菌やカンピロバクターなどによる細菌性中毒とウイルス性中毒で、この2種類で全体の約8割になります。食中毒の予防は、細菌やウイルスを「つけない」「増やさない」「やっつける」ことが3原則です。そのためには家庭でも、調理前はしっかり手洗いをする、調理後はすぐに食べる、食品は十分に火を通すなどに気をつけましょう。

外出先でも食前に手洗い　食後にうがいを習慣に

食事前の手洗いや食後の歯磨きは、ウイルスによるかぜや食中毒などの感染症や、むし歯を予防するために、とても大切です。外食時や公園などでお弁当を食べるときも、必ず先に手洗いをさせましょう。歯磨きは外出先では難しいことが多いですが、そういう場合は、食後にブクブクうがいをさせて。外出先ではつい気が緩みがちですが、手や口の中の清潔習慣は忘れないようにしましょう。

歯をキレイに！　仕上げ磨きはていねいに

むし歯を予防するためには、歯磨きがとても大切です。子どもだけで磨けるようになっても、まかせっきりはNG。ゆっくり時間をとりやすい就寝前に、大人がていねいに仕上げ磨きを行いましょう。歯ブラシの毛先を歯の表面に直角に当て、裏表、1本1本ていねいに磨くのが、汚れをキレイに取り除くコツ。歯の間には、ときどき糸ようじを使いましょう。

イラスト素材

衛生

P158_01_4C　P158_01_1C

P158_02_4C　P158_02_1C

P158_03_4C　P158_03_1C

P158_04_4C　P158_04_1C

P158_05_4C　P158_05_1C

P158_06_4C　P158_06_1C

P158_07_4C　P158_07_1C

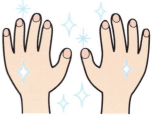
P158_08_4C　P158_08_1C

P158_09_4C　P158_09_1C

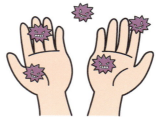
P158_10_4C　P158_10_1C

P158_11_4C　P158_11_1C

P158_12_4C　P158_12_1C

P158_13_4C　P158_13_1C

P158_14_4C　P158_14_1C

P158_15_4C　P158_15_1C

P158_16_4C　P158_16_1C

P158_17_4C　P158_17_1C

P158_18_4C　P158_18_1C

衛生

ポスター素材

04_poster → 02_eisei → P159_4C

※ A3サイズで収録しています

P159_01_4C

P159_02_4C

P159_03_4C

クッキング保育

ポイント&レシピ

クッキングは、実際の食材に手で触れたり、調理で味が変わることを実感できます。レシピの作業は子どもができるかどうかを見ながら行わせます。そうすることで食材への興味や食事の楽しみ、食事を作る人への感謝の気持ちを育みます。

2歳児のクッキング

2歳児 クッキングのポイント

前日に確認を
写真や紙芝居などで、手順を見せながら説明して興味を持たせましょう。

調理時間は30分以内
材料、工程は5つぐらいを目途にしましょう。

身じたくの準備
エプロン、三角巾はまだ結べません。保育士が結ぶ、または、テープなどで留める準備をしましょう。

調理器具は使わない
包丁やコンロなどは使わせず、手で作れる料理だけにしましょう。

調理後にすぐ食べる
調理後に冷蔵庫などに入れずに、すぐに食べられるもののほうが、料理を作った実感がわきやすくなります。

混ぜるだけ！ ふりかけ&おにぎり

材料（4個分）
のり…約1.5g（全型1/2枚）
削りかつお節…約2.5g
白ごま…約10g
青のり…小さじ1
しょうゆ…小さじ1
ご飯…約200g

所要時間 約30分

作り方
①のりを1cm角ぐらいに手でちぎる。
②かつお節を指でもんで、細かくする。
③かつお節、のり、白ごま、青のり、しょうゆを混ぜ合わせる。
④炊いたご飯に③を混ぜ合わせる。
⑤ラップに④を包み、直径3cmぐらいの大きさに丸める。

ちぎって折るだけ！ 簡単サラダ

材料（4人分）
きゅうり…2本
だいこん…1/2本
レタス…1/2玉
ミニトマト…8個
塩…少々

※ちぎったり、折ったりできる野菜に代用可

所要時間 約30分

作り方
①材料の野菜を水洗いする。
②大人がきゅうりを縦長に4等分に切る。子どもはきゅうりを一口大（3、4cm）に折る。
③大人がだいこんの皮をむき、1cm角×長さ20cmぐらいに切る。子どもはだいこんを②と同様の大きさに折る。
④レタスを1枚ずつ一口大にちぎる。
⑤子どもがミニトマトのヘタを取り、大人がミニトマトを1/2に切る。
⑥②～⑤の野菜を皿にきれいに盛りつける。
⑦⑥に塩を少々ふりかける。

3歳児のクッキング

3歳児 クッキングのポイント

前日に確認を
写真や紙芝居などで、手順を見せながら説明して理解度を深めておきましょう。

調理時間は60分以内
材料、工程は8つぐらいを目安にしましょう。

身じたくの準備
エプロン、三角巾はまだ結べません。保育士が結ぶ、または、テープなどで留める準備をしましょう。

調理器具は注意して使う
ホットプレートやコンロを使うときは、むやみにさわらないように注意します。包丁は使わずピーラー程度に。

調理後に食べる
調理後にすぐに食べると、調理の実感が増しますが、おやつの時間まで楽しみに待つのもよいでしょう。

つぶして混ぜよう！ スイートポテト

所要時間 約60分

材料（4個分）
- さつまいも…約250g（小1本）
- バター…15g
- 砂糖…15g
- 牛乳…30g
- 卵黄…1/2個

作り方
① さつまいもがやわらかくなるまで蒸す。（焼き芋にしたり、レンジでやわらかくしたり、お湯でゆでたりしたりしてもよい）
② ①のさつまいもの皮をむく。（①と②は逆でも可）
③ さつまいもをつぶす。
④ バター、砂糖、牛乳をさつまいもに混ぜて、よく練る。
⑤ ④を4等分にする。
⑥ ⑤をアルミカップに入れ、形を整える。
⑦ 卵黄を溶き、⑥の表面に塗る。
⑧ ⑦を天板に並べる。
⑨ 約180℃に温めたオーブンで15分ぐらい焼く。（表面に焼き色がつく程度。オーブントースターで焼く場合は、5分程度）

ポイント
アルミカップではなくラップで包んで、茶巾しぼりのように、ラップを寄せ集めたところをギュッとしぼると、丸くなります（焼くときはラップを取ります）。

ホットプレートで！ バナナパンケーキ

所要時間 約40分

材料（4枚分）
- 薄力粉…100g
- ベーキングパウダー…4g
- 卵…2個
- バナナ…2本
- 牛乳…50ml
- 砂糖…30g
- サラダ油…適量
- バター…40g
- はちみつ…適量

作り方
① 薄力粉とベーキングパウダーを合わせてふるいにかける。
② 卵は溶きほぐす。
③ バナナの皮をむき、フォークで形がなくなるまでつぶす。
④ ③のバナナに、①と②、牛乳、砂糖を混ぜ合わせる。
⑤ 約160℃に温めたホットプレートにサラダ油を敷き、④の生地をお玉1杯分ずつ入れ、両面を焼く。
⑥ お皿に⑤をのせ、バターとはちみつをのせる。

ポイント
ホットプレートの代わりにコンロでフライパンで焼いてもよいです。
火を扱うときは、必ず大人が立ち会いましょう。
バナナは変色しやすいので、時間をおく場合は、レモン汁をかけるようにします。

4歳児のクッキング

4歳児 クッキングのポイント

前日までに確認を
写真や紙芝居などで、手順とレシピを見せながら説明して理解度を深めておきましょう。

調理時間は80分以内
材料、工程は10ぐらいを目途にしましょう。

身じたくの準備
エプロン、三角巾を自分で身につけます。できないときは、保育士が結ぶ、または、テープなどで留めます。

調理器具は様子を見ながら
包丁や火は、大人が目の届く範囲で十分注意しながら使わせましょう。

調理後に感想を聞く
調理後に食べて、調理や味の感想を聞き出すようにしましょう。

いろいろな形を作ろう！
クッキー
所要時間 約80分

材料（約20個分）
- 薄力粉…140g
- ベーキングパウダー…2g
- 卵…1/2個
- （無塩）バター…50g
- 砂糖…50g

作り方
① 薄力粉、ベーキングパウダーを合わせてふるう。
② 卵は溶き、バターはやわらかくしておく。
③ ボウルにバターと砂糖を入れ、よく混ぜ合わせる。その後、卵を入れて混ぜる。
④ ③に①を入れ、混ぜ合わせる。
⑤ ④をこねて、ひとまとめにする。
⑥ 5mm程度の厚さに⑤の生地を均等にのばす。
⑦ 抜き型で⑥を型抜きする（または20等分に切る）。
⑧ オーブンシートを天板に敷き、⑦をのせる。
⑨ 170℃に温めたオーブン（またはオーブントースター）で、20分程度、焼く。

ポイント
抜き型がない場合は、手で好きな形を作りましょう。コップの口は円い抜き型の代わりになります。クッキー生地にごまやきな粉を混ぜたり、チョコペンで絵を描いても楽しめます。

色彩を楽しむ！
ピザトースト
所要時間 約60分

材料（4個分：食パン1枚分）
- ミニトマト…4個
- ピーマン…1個
- ハム…1枚
- 食パン…1枚
- ケチャップ…適量
- ピザ用チーズ…適量

作り方
① ミニトマトとピーマンを水で洗う。
② ミニトマトのヘタを取り、半分に切る。
③ ピーマンのヘタや種を取り、8等分に輪切りにする。
④ 1枚のハムを4等分に切る。
⑤ 1枚の食パンを4等分に切る。
⑥ ⑤の食パンにケチャップを塗る。
⑦ ⑥の上にミニトマト、ハム、ピーマンをのせ、その上に、チーズをのせる。
⑧ オーブントースター（またはホットプレート）で⑦を5分程度焼く。

ポイント
園や自宅で栽培したミニトマトを使うと、収穫の喜びが実感できます。
火の通りをよくするために、ピーマンを小さく切ってもよいです。包丁を使わせない場合は、大人があらかじめ切っておくようにします。特にミニトマトは小さくて丸いので、転がらないように気をつけましょう。

5歳児のクッキング

01_otayori → 16_cooking → P163_1C

5歳児 クッキングのポイント

前日までに確認を
写真や紙芝居などで、手順とレシピを見せながら説明して理解度を深めておきましょう。

調理時間は80分以内
材料、工程は10ぐらいを目途にしましょう。

身じたくの準備
エプロン、三角巾は自分で身につけます。できないときは、友だちと協力し合いながら結びます。

いろいろな調理器具を使う
包丁やコンロは注意しながら、初めてさわる道具は、事前に使い方を説明しましょう。

調理後に感想を話し合う
調理後に食べながら、協力し合ってできたか、楽しかったことや苦労したことなどを話し合ってみましょう。

いろいろな食材を巻いて鮮やか！ 太巻き寿司
所要時間 約80分

材料（3本分）
- 米…2合
- A（酢…大さじ2 1/2、砂糖…大さじ2、塩…少々）
- 卵…3個
- サラダ油…小さじ1
- きゅうり…2本
- ツナの缶詰…90g
- マヨネーズ…大さじ2
- のり…全型3枚
- しょうゆ…小さじ1/2

作り方
① ご飯を炊く。（水加減を1割程度少なめに）
② Aを火にかけ、混ぜ合わせて、合わせ酢を作る。
③ ご飯に②をふりかけ、切るように混ぜ合わせる。
④ 卵を溶き、フライパンにサラダ油を入れて、長方形の卵焼きを作る。
⑤ ④の卵焼きを約1cm角の棒状に3本に切る。
⑥ きゅうりを洗い、約1cm角の棒状に3本に切る。
⑦ ツナとマヨネーズを混ぜ合わせる。
⑧ 巻きすにのりをのせ、上部2、3cmを残して、③をのせる。
⑨ ⑧の中央の横一直線に⑤～⑦をのせる。
⑩ 具が中心になるように、手前から巻く。
⑪ 3本分の太巻きができたら、それぞれを食べやすい大きさに切る。

ポイント
手の使い方が上手になる5歳児は、太巻きを巻くことに挑戦してみましょう。いろいろな具材を用意して、お好みで選んで巻いても楽しいですね。

ぐつぐつ煮込む！ 豚汁
所要時間 約80分

材料（5杯分）
- かつお節…10g
- じゃがいも…中2個
- だいこん…1/4本
- にんじん…1/2本
- ごぼう…1/4本
- 長ねぎ…1/2本
- しょうが…30g
- 豚肉…100g
- サラダ油…小さじ1
- 木綿豆腐…150g
- 水…1000ml
- みそ…40g

作り方
① かつお節でだしをとる。
（水を火にかけ、沸騰する直前にかつお節を入れる。30秒煮たあとに、こす）
② 材料の野菜の皮をむき、一口大に切る。
（だいこん、にんじんは短冊切りに、しょうがは千切りに）
③ 木綿豆腐を2cm角に切る。
④ 豚肉を一口大に切り、サラダ油で炒める。
⑤ ①のだし汁に②～④を入れて煮込む。
⑥ 材料がやわらかく煮えたら、火を止め、みそを溶き入れる。
⑦ ひと煮立ちさせたら、火を止める。

ポイント
じゃがいもの代わりに、さといもやさつまいもでもおいしいです。包丁での皮むきが難しい場合は、ピーラーを使いましょう。

クッキング報告だより

テーマ例 クッキング保育の様子を家庭と共有する

テーマアドバイス

クッキング保育は、子どもが楽しみにしている取り組みです。子どもは、楽しかったことやうまくできたこと、おいしかったことなどを保護者とも共有したいものです。クッキング後にはなるべく早くおたよりで様子を伝えるようにしましょう。感想や写真などを用いて、家庭でも話が盛り上がる情報を盛り込みましょう。

POINT 子どもたちからクッキングの感想を聞き、掲載してもよいでしょう。個人情報漏れを防ぐために、下の名前のみや匿名にするなどの配慮を忘れずに。

POINT 子どもたちの調理中や料理、試食中の写真を掲載すると、様子がよく伝わります。ただし、名前と顔が一致する写真は避けましょう。

POINT クッキング保育を行う前や後に料理のレシピをおたよりに掲載します。使用する食材や調味料の種類がわかると保護者は安心します。家庭でも、子どもと一緒に料理を再現でき、子どもが保護者に調理のやり方を教えたり、クッキング保育のときのことを話すきっかけになったりして、親子のコミュニケーションを図ることができます。

※A4サイズで収録しています　P164_01_4C　P164_01_1C

★ 文例　※P164_1Cに収録しています

5歳児の子どもたちが楽しみにしていた豚汁作りを○月○日に行いました。初めて握る包丁にドキドキ。真剣な顔でにんじんを切っている様子に、たのもしさを感じました。

P164_02_B

収穫したミニトマトを使って、ピザトースト作りに挑戦しました。トッピングのピーマンやトマトをきれいに飾ることができました。ピーマンが苦手な子も「おいしいね！」と言いながら食べていました。

P164_03_B

イラスト素材

クッキング

03_illust → 10_cooking → P165_4C / P165_1C

4章 データ集　クッキング保育素材　▼　おたより／イラスト・囲み文例　クッキング

P165_01_4C　P165_01_1C

P165_02_4C　P165_02_1C

P165_03_4C　P165_03_1C

P165_04_4C　P165_04_1C

P165_05_4C　P165_05_1C

P165_06_4C　P165_06_1C

P165_07_4C　P165_07_1C

P165_08_4C　P165_08_1C

P165_09_4C　P165_09_1C

P165_10_4C　P165_10_1C

P165_12_4C　P165_12_1C

P165_13_4C　P165_13_1C

P165_14_4C　P165_14_1C

クッキングの感想

「ピザトースト」（4歳児クラス）を作った感想を聞いてみました。

★ ほうちょうをはじめてつかいました。すこしドキドキしました。（Aちゃん）

★ みんなでがんばってつくりました。たのしかったです。（Bちゃん）

★ ピーマンがきらいだったけど、おいしかったです。（Cくん）

P165_11_4C　P165_11_1C

教材 いも・野菜のでき方

05_kyozai　01_naritachi　P166_4C

さつまいもが できるまで

①つちを たがやす

②たねや なえを うえる

④つちの なかに さつまいもが できる

③みずや ひりょうを あげると おおきく なる

① P166_01_4C　② P166_02_4C　③ P166_03_4C　④ P166_04_4C　全体 P166_05_4C

※ A3サイズで収録しています
※ さつまいもは花が咲かないこともあります

ミニトマトの栽培
1. 排水性の高い培養土を用意する
2. 種、または苗を植える
3. 本葉が込み合ってきたら、1本に間引く。随時わき芽も摘み取る
4. 約20cmに生長したら、横に支柱（約180cm）を立て、茎と支柱をひもで結ぶ
5. 生長し、花が咲く
6. 実ができる

※ 水のあげすぎは禁物。土が乾いて少ししおれていたら水をあげる。肥料は実のでき始めに追加する

いも・野菜のでき方
上の「さつまいもができるまで」のイラストを見ながら、どのように育っていくのかを理解できるような工夫を。実際に栽培や収穫する予定の野菜のでき方を、種や苗を植える前に予習しておくとよいでしょう。そうすると、育つ様子を思い浮かべ、わくわくしながら植物のお世話ができるようになります。野菜も生き物であることを実感できると、食べるときに「命をいただくこと」の大切さを感じ、感謝する心を養います。

野菜の栽培予定の立て方
野菜には育ちやすい時期や育つまでの期間に差があります。旬の時期に収穫できるように種や苗を植える時期を調整しましょう。
事前に育つ過程を説明→物品準備→畑を耕す→種や苗を植える→観察、世話をする→収穫→クッキング保育や給食で食べるという一連の流れを予定に組み込みます。
園内でプランターで育てる場合は、水やりや草取りなどのお当番を決めて世話をするようにしましょう。

資料

栽培カレンダー

作物の種類によって栽培期間が異なります。また、気候などによっても栽培時期が違ってきますので、その土地に合った時期に栽培するようにしましょう。

栽培時期の目安

植え付け時期 ■　収穫時期 ■

	初心者におすすめの育て始め	1月	2月	3月	4月	5月	6月	7月	8月	9月	10月	11月	12月
きゅうり	種または苗から				■	■	→	■	■				
なす	苗から					■	→	■	■	■			
ミニトマト	苗から					■	→	■	■				
おくら	種または苗から					■	→	■	■	■			
えだまめ	種または苗から					■	→	■	■				
にがうり	種または苗から					■	→	■	■	■			
ピーマン	苗から					■	→	■	■	■			
米	種または苗から						■	→			■		
さつまいも	苗から					■	→				■	■	
とうもろこし	種または苗から				■	■	→	■	■				
にんじん	種から						■	→ ■	■		■	→ ■	■
だいこん	種から						■	■	■		■	→ ■	■
じゃがいも	種いもから			■	■	→	■	■				→	■
かぶ	種から					■	■	■	■		■	→ ■	■
ほうれんそう	種から					■	■				■	→ ■	■
そらまめ	種から	←	←	←	■							■	→
さやえんどう	種から	←	←	■								■	→

| 教材 | # 食材当てゲーム |

触覚・嗅覚を育てる
★ さわって当てよう・匂いで当てよう

指導POINT　穴を開けた箱を用意し、中に食材を入れます。子どもが箱に手を入れて、何が入っているのかを当てるゲームをしてみましょう。匂いをかいだり、色や形を想像して絵に描かせるのもよいでしょう。また、いくつかの食材を入れて、一つだけ選ばせたり、スプーンなどの食器を入れて、名前を当てるゲームも触覚を育み、食への興味が増します。

感覚を育てる
★ 実際はどれくらいの大きさ？

※イラストはまぐろです

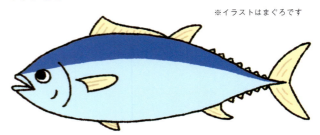

P168_01_4C　P168_01_1C

指導POINT　「魚は切り身でできている」と思っている子も少なくありません。給食で出される切り身魚の切る前の状態で見せたり、原寸の絵や写真で魚の大きさを実感させましょう。さけの成魚は約1m、まぐろの成魚は約2〜3mの大きさになります。
また、魚を釣る人、切って加工する人、調理する人などの労力を話して、感謝の心を育てましょう。

視覚を育てる
★ 影絵から当てよう

指導POINT　下の影絵カードを使って、食材の名前を当てるゲームをしましょう。わからない場合は、色や味などのヒントを出してあげましょう。
※正解のカードは P168_4C に収録しています

なす

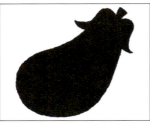
P168_02_4C　P168_02_1C

かに

P168_03_4C　P168_03_1C

バナナ

P168_04_4C　P168_04_1C

しいたけ

P168_05_4C　P168_05_1C

さくらんぼ

P168_06_4C　P168_06_1C

とうもろこし

P168_07_4C　P168_07_1C

たけのこ
P168_08_4C　P168_08_1C

長ねぎ

P168_09_4C　P168_09_1C

教材 食材カードゲーム

05_kyozai → 02_shokuzai → P169_4C / P169_1C

指導POINT いくつかのバラバラにした食材カードの中から、料理を作るための食材を集めるゲームをしましょう。カレーの場合、「たまねぎ」「にんじん」「じゃがいも」「豚肉」などの食材カードを集めます。いかなどを入れることもあるので、そのカードを選んでも正解です。「どんなカレーを食べたことがあるのかな」と質問して、料理が何の素材から成り立っているのかの理解を深めましょう。

みそ汁

P169_01_4C P169_01_1C

カレーライス

P169_02_4C P169_02_1C

★ みそ汁を作る食材カード

豆腐
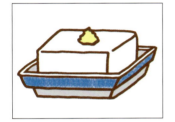
P169_03_4C P169_03_1C

わかめ

P169_04_4C P169_04_1C

長ねぎ
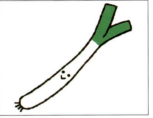
P169_05_4C P169_05_1C

みそ

P169_06_4C P169_06_1C

★ カレーを作る食材カード

たまねぎ

P169_07_4C P169_07_1C

にんじん

P169_08_4C P169_08_1C

じゃがいも

P169_09_4C P169_09_1C

豚肉

P169_10_4C P169_10_1C

★ その他の食材カード

あさり・しじみ

P169_11_4C P169_11_1C

くり

P169_12_4C P169_12_1C

いか

P169_13_4C P169_13_1C

チーズ

P169_14_4C P169_14_1C

教材 旬の食材に分類する

はる・なつ・あき・ふゆの
たべものを わけて みよう

はる　なつ

あき　ふゆ

※A3サイズで収録しています

P170_01_4C

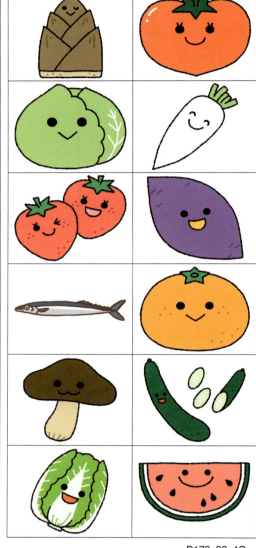

P170_02_4C

※食材カードは切り離して使用してください

春…たけのこ、キャベツ、いちごなど
夏…トマト、きゅうり、すいかなど
秋…さつまいも、さんま、しいたけなど
冬…だいこん、はくさい、みかんなど

指導POINT　１年中売られていて旬がわかりにくい食材も多いですが、野菜や果物、魚には、収穫時期によっておいしく食べられる旬があることを説明します。季節をまたいだり、収穫地域によって旬が違うこともありますので、地元でとれる食材の旬の時期を目安にしましょう。
そして、上の分類台紙を使って、季節ごとの旬にあてはまる食材カードを置いて分類させてみましょう。食材カードの代わりに写真や、本物の食材を使ってもよいでしょう。

教材 触覚・嗅覚・味覚

★ 口当たり（歯触り）を表現してみよう

指導POINT 食材の口当たりや歯触り、手触りを想像したり、実際に食べてみて、どんな感じがするのかを表現できるように促してみましょう。また、「りんご」や「きゅうり」など、噛んだときに音が出る食材の音の表現もよいでしょう。日本語には触覚を表す言葉がたくさんありますので、語彙力の向上にも役立ちます。

豆腐
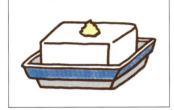

表現例
つるつるしている、冷たい、やわらかい、なめらか、すぐ歯でくずれる、とけそう　など

ラーメン

表現例
つるつるしている、温かい、熱い、やわらかい、なめらか、こしがある　など

りんご

表現例
シャキシャキしている、シャリシャリしている、冷たい、かたい　など

★ 匂いや味を表現してみよう

指導POINT 実際の食材やイラスト・写真などを見て、どんな匂いや味がするのかを想像し、言葉で表現するように促してみましょう。みかんなどでは、すっぱかったり甘かったり、個体差があることも理解できるといいですね。また、食べたことがない物は、写真や実物などから、どんな味がするのかを想像できるような言葉がけをしてみましょう。

たまねぎ

匂いの表現例
ツーンとした匂い、いい匂い、目にしみる、土の匂い　など

味の表現例
辛い、甘い、しょっぱい　など
※たまねぎは加熱すると甘くなることに気づかせてもよいでしょう

レモン

匂いの表現例
さわやかな匂い、いい匂い、フレッシュな匂い　など

味の表現例
すっぱい　など

納豆

匂いの表現例
臭い、こうばしい匂い、腐ったような匂い、生臭い　など

味の表現例
しょっぱい、腐ったような味、しょう油の味　など

4章　データ集　食育教材　旬の食材に分類する／触覚・嗅覚・味覚

教材 食材を分類する

05_kyozai → 02_shokuzai → P172_4C

たべものを あか・き・みどりの なかまに わけて みよう

あか からだの ちや にくを つくる

き からだを うごかす ちからに なる

みどり からだの ちょうしを ととのえる（びょうきから まもる）

※A3サイズで収録しています　P172_01_4C

※食材カードは切り離して使用してください　P172_02_4C

上の食材の分類の答え
あか…牛乳、牛肉、さば、卵
き…パン、じゃがいも、ご飯、チョコレート
みどり…かき、わかめ、ブロッコリー、しいたけ

赤の食品群…たんぱく質を多く含む食品。
肉、魚、卵、大豆、乳製品など

黄の食品群…糖質や脂質を多く含む食品。
ご飯、パン、麺、いも類、油、砂糖、菓子など

緑の食品群…ビタミン、ミネラル、食物繊維の多い食品。
野菜、きのこ、果物、海藻など

指導POINT
三色食品群の分類を説明し、分類台紙のあてはまる枠に各食材カードを置きます。かきは見た目がオレンジ色なので赤や黄の食品群にしたくなりますが、果物は緑の食品群だと伝えましょう。その後、バイキング給食などで、栄養バランスを考えながら食材を選択できるように促しましょう。

教材　食事マナー間違い探し

 → →
05_kyozai　03_manner　P173_01_4C

 → →
04_poster　03_manner　P173_02_4C

※A3サイズで収録しています　P173_01_4C

 イラストを見て、マナー違反をしている子どもを探させます。どこが間違えているのかの理由も発言させてみましょう。また、自身の食事の際に同じマナー違反をしていないか振り返らせることも大切です。

「しょくじのマナーをまもっていないこはだれかな?」
の答え（※は少し難しいのでヒントや目標にしましょう）
- 席を立って食べている子
- おかずにはしを突き刺している子※
- 食器を楽器にしている子
- ひじをついて食べている子
- ぽろぽろこぼしながら食べている子
- 悪い姿勢で食べている子
- 食べながらつばを飛ばして話す子※

★ ポスター

P173_02_4C
※A3サイズで収録しています

4章　データ集　食育教材▼食材を分類する／食事マナー間違い探し

| 教材 | はし・器の持ち方 |

05_kyozai → 03_manner → P174_4C / P174_1C
04_poster → 03_manner → P174_06_4C

★ はしの持ち方の練習

❶ えんぴつを持つように、親指、人差し指、中指ではしを1本持つ。

❷ 下のはしを差し込み、親指の付け根と薬指の第一関節で支える。

❸ 人差し指と中指を使って、上のはしを上下に動かす（親指や下のはしは動かさない）。

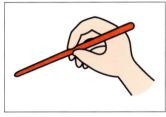
P174_01_4C　P174_01_1C

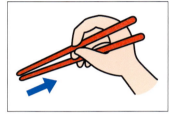
P174_02_4C　P174_02_1C

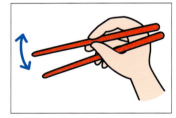
P174_03_4C　P174_03_1C

★ 器の持ち方の練習

❶ 利き手と反対の手のひらを上に向け、親指を垂直に立てる。

❷ ❶の状態のまま、器（茶碗、お椀など）を挟み込む。

P174_04_4C　P174_04_1C

P174_05_4C　P174_05_1C

★ ポスター

おはしや おわんの もちかた

1
えんぴつを もつように、おはしを 1ぽん もちます。

2
もう 1ぽんの おはしを、おやゆびの つけねと くすりゆびの つめの よこで はさみます。

3
うえの おはしだけを うごかします。

おやゆびを うえに して、ほかの ゆびで おわんの したを ささえます。

※ A3サイズで収録しています

P174_06_4C

はしでいろいろな物をつまむ練習をしましょう
❶ 5cm大の毛糸や綿の塊（スパゲッティーや綿あめに見立てる）
❷ 3cm大のスポンジ（おかずに見立てる）
❸ いろいろな大きさの粘土や消しゴム（おかずに見立てる）
❹ 大豆や小豆などの豆類（本物の食材を使う）

 指導POINT　はしは3歳ごろから練習を始めますが、強制的に厳しく教えるとうまくいかないこともあります。ゆっくり時間をかけて習得させるようにしましょう。遊びにも取り入れて、やわらかい物→かたい物→小さい物をつまめるように、段階をふんで練習します。

教材 食べ物のゆくえ

05_kyozai → 02_shokuzai → P175_4C

★ 食べた物はどこへいくのかな？

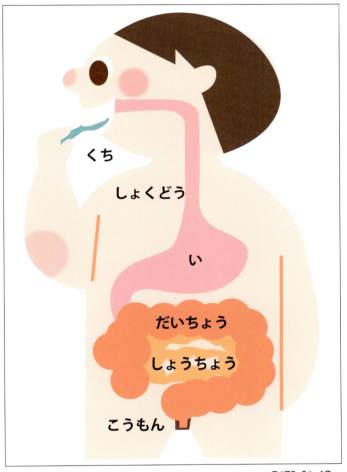

※ A3サイズで収録しています　　P175_01_4C

★ 食材カード
※ P.170〜172の食材カードも使用できます

P175_02_4C

P175_03_4C

★ うんちカード

バナナうんち

水分 70〜80％
スルッと出るやわらかさ
形状 バナナ状
色 黄色〜褐色

P175_04_4C

カチカチうんち

水分 60％
硬くて出にくい
形状 コロコロ、ゴツゴツ
色 茶色〜黒褐色

P175_05_4C

ドロドロうんち

水分 85％以上
形状 泥状〜水状
色 薄黄土色

P175_06_4C

指導POINT

食べた物が、自分の体内でどのように吸収され、消化されるのかを、上のイラストを使って説明します。
口…「歯でよく噛んで食べ物を細かくします」
食道…「食べ物が通る細くて長い管です」
胃…「胃液が出て、食べ物はドロドロになります」
小腸…「栄養と食べ物のかすに分けられ、栄養が血管に入ります」
大腸…「水分がすいとられて、うんちになります」
肛門…「うんちが出てくる穴です」
子どもの小腸は約5ｍです。ひもを使って実際の長さを見せることもできます。そして、さつまいもやすいかを食べたときのうんちの違いも考えてもいいですね。水分が多いすいかは、うんちもやわらかくなります。野菜やご飯をバランスよく摂取すると「健康なうんち＝バナナうんち」が出るようになることも話しましょう。

4章 データ集　食育教材 ▼ はし・器の持ち方／食べ物のゆくえ

教材&クイズ素材 食べ物なぞなぞ

--- たべものなぞなぞ ---

しょうぶに つよい カレーって なあに？

なぞなぞのこたえ ▶ カツカレー　　P176_01_1C

--- たべものなぞなぞ ---

きいろくて ほそながい かわを むいて たべる くだものは なあに？

なぞなぞのこたえ ▶ バナナ　　P176_02_1C

--- たべものなぞなぞ ---

うえから よんでも したから よんでも おなじ なまえの あかい やさいは なあに？

なぞなぞのこたえ ▶ トマト　　P176_03_1C

--- たべものなぞなぞ ---

ごはんを たくさん たべると でて くる パイって なあに？

なぞなぞのこたえ ▶ おなか いっぱい　　P176_04_1C

--- たべものなぞなぞ ---

いちわなのに にわ いる とりって なあに？

なぞなぞのこたえ ▶ にわとり　　P176_05_1C

--- たべものなぞなぞ ---

やおやさんで うって いる にくって なあに？

なぞなぞのこたえ ▶ にんにく　　P176_06_1C

--- たべものなぞなぞ ---

こわれて いて しゅうりが ひつような ちょうみりょうは なあに？

なぞなぞのこたえ ▶ こしょう　　P176_07_1C

--- たべものなぞなぞ ---

ごはんを たべる ときに ふたつに わって つかう ものは なあに？

なぞなぞのこたえ ▶ わりばし　　P176_08_1C

--- たべものなぞなぞ ---

おさらの うえに のるのが だいすきな やさいが いっぱい のりょうりは なあに？

なぞなぞのこたえ ▶ サラダ　　P176_09_1C

--- たべものなぞなぞ ---

おにだけど こわくない さんかくけいの たべものって なあに？

なぞなぞのこたえ ▶ おにぎり　　P176_10_1C

指導POINT 子どもたちに「食べ物なぞなぞ」を出題してみましょう。特に、なぞなぞの答えが給食やおやつに出される直前に行うと、食べ物への興味が増します。わからない場合は、形や言葉でヒントを出してあげて。また、毎月の「食育だより」に掲載して、家庭での食育に役立ててもらってもよいでしょう。

… たべものなぞなぞ …
１こなのに 10こ みたいな しろくて しかくくて やわらかい たべものは なあに？

なぞなぞのこたえ ▶ 豆腐　　P177_01_1C

… たべものなぞなぞ …
まんなかに ぽっかり あなが あいた わっかの おやつって なあに？

なぞなぞのこたえ ▶ ドーナツ　　P177_02_1C

… たべものなぞなぞ …
かたい からに つつまれた クルミが さかだちすると へんしんする のみものって なあに？

なぞなぞのこたえ ▶ ミルク　　P177_03_1C

… たべものなぞなぞ …
みんなが ねだんを きいちゃう オレンジいろの つぶつぶの たべものって なあに？

なぞなぞのこたえ ▶ イクラ　　P177_04_1C

… たべものなぞなぞ …
つめたい ものを たべすぎると こわれちゃう ものは なあに？

なぞなぞのこたえ ▶ おなか　　P177_05_1C

… たべものなぞなぞ …
たべると くちが くさく なっちゃう やさいって なあに？

なぞなぞのこたえ ▶ はくさい（歯くさい）　　P177_06_1C

… たべものなぞなぞ …
なかに ゾウが はいって いる たべものや のみものを ひんやり させる ものって なあに？

なぞなぞのこたえ ▶ れいぞうこ　　P177_07_1C

… たべものなぞなぞ …
すうじの ３と １が かくれて いる パンって なあに？

なぞなぞのこたえ ▶ サンドイッチ　　P177_08_1C

… たべものなぞなぞ …
たべると たちまち たおれちゃう パンに ぬって たべるものって なあに？

なぞなぞのこたえ ▶ バター　　P177_09_1C

… たべものなぞなぞ …
そらから ふって きそうな おやつって なあに？

なぞなぞのこたえ ▶ あめ　　P177_10_1C

資料 食べ物が登場するお話

指導POINT
食べ物が登場するお話は、子どもの食への興味につながります。園でも家庭でも、たくさん読み聞かせを行うようにしましょう。給食やおやつの中に、お話に出てくる食材が含まれる場合には、食べる直前に読み聞かせをすると効果的です。実際の食材を興味深く観察しながら、食事への集中力も期待できます。

題名	作者／発行元	出てくる主な食べ物
「ももたろう」	（昔話）	もも、きびだんご
「おむすびころりん」	（昔話）	おむすび、もち
「さるかにがっせん」	（昔話）	かき、おむすび、かちぐり
「ヘンゼルとグレーテル」	（グリム童話）	お菓子の家
「しらゆきひめ」	（グリム童話）	りんご
「おおきなかぶ」	（ロシア民話）	かぶ
「しろくまちゃんのほっとけーき」	作：わかやまけん／こぐま社	卵、牛乳、小麦粉、ホットケーキ　など
「11ぴきのねことあほうどり」	作：馬場のぼる／こぐま社	コロッケ
「ぐりとぐら」	作：なかがわりえこ、絵：おおむらゆりこ／福音館書店	くり、卵、砂糖、牛乳、小麦粉、カステラ
「くだもの」	作：平山和子／福音館書店	すいか、もも、ぶどう、なし、りんご　など
「そらまめくんのベッド」	作：なかやみわ／福音館書店	そらまめ、えだまめ、グリーンピース、ピーナッツ
「がたん ごとん がたん ごとん」	作：安西水丸／福音館書店	ミルク、りんご、バナナ
「カラスのパンやさん」	作：かこさとし／偕成社	パン（80種類以上）
「はらぺこあおむし」	作：エリック・カール、訳：もりひさし／偕成社	りんご、なし、さくらんぼパイ、カップケーキ、すもも、いちご、チーズ、ピクルス　など
「やさいさん」	作：tupera tupera／学研プラス	にんじん、だいこん　など
「おもちのおふろ」	作：苅田澄子、絵：植垣歩子／学研プラス	もち、パン、きなこ、はくさい、ねぎ　など
「日本のえほん たべもの なあに」	絵：星燈社／学研プラス	おにぎり、おせんべい、にんじん、すいか、くり　など
「なっとうさんがね‥」	作：とよたかずひこ／童心社	納豆
「あいうえおべんとう」	作：山岡ひかる／くもん出版	アスパラガス、いちご、うずら卵、えびフライ、おにぎり　など
「ぼくんちカレーライス」	作：つちだのぶこ／佼成出版社	カレーライス、らっきょう　など
「あっちゃんあがつく たべものあいうえお」	作：さいとうしのぶ、原案：みねよう／リーブル	アイスクリーム、いちごジャム　など

食育アンケート

アンケート素材

01_otayori → 18_questionnaire → P179_4C / P179_1C

食育アンケートを実施する

食育は、園と家庭の連携を図り、共通の方向性や情報を持つことが大切です。年度の初めや終わり、食育行事の後などに、食育に関するアンケートを行うとよいでしょう。家庭での食生活や園に対する要望を知るきっかけにもなります。

POINT
アンケートの内容は、知りたい情報を質問することはもちろんですが、答えやすく、集計しやすい形式にしましょう。記名式だと嫌がる人もいるので、無記名でもよいようにします。アンケートの提出日の記載を忘れずに。

※ A3サイズで収録しています。CD-ROMにはカラーのデータもあります。

P179_01_4C P179_01_1C

アンケートを集計し、今後の食育に活かす

❶ アンケートを集めた後は、集計し、グラフなどにまとめて、報告書を作成しましょう。

❷ 職員会議などの際に結果を報告します。問題点を話し合い、今後の食育の方向性を見直しましょう。

❸ アンケート集計結果は「食育だより」を通じて、各家庭に知らせてもよいでしょう。

❹ 記入されていた給食や食育への要望は、保育士や栄養士、調理担当者たちと情報を共有し、対応を相談して、改善するように努めましょう。

4章 データ集 ／ 食育教材／アンケート素材▼食べ物が登場するお話／食育アンケート

付属CD-ROMの構成

付属のCD-ROMには、本書に掲載されているおたよりテンプレートやイラストなどを収録しています。各カテゴリーのフォルダの中に、各ページのフォルダがあり、その中にデータを収録しています（4C：カラー、1C：モノクロ）。収録されているフォルダ名は、本書の各素材ページのタイトルの右側に掲載しています。

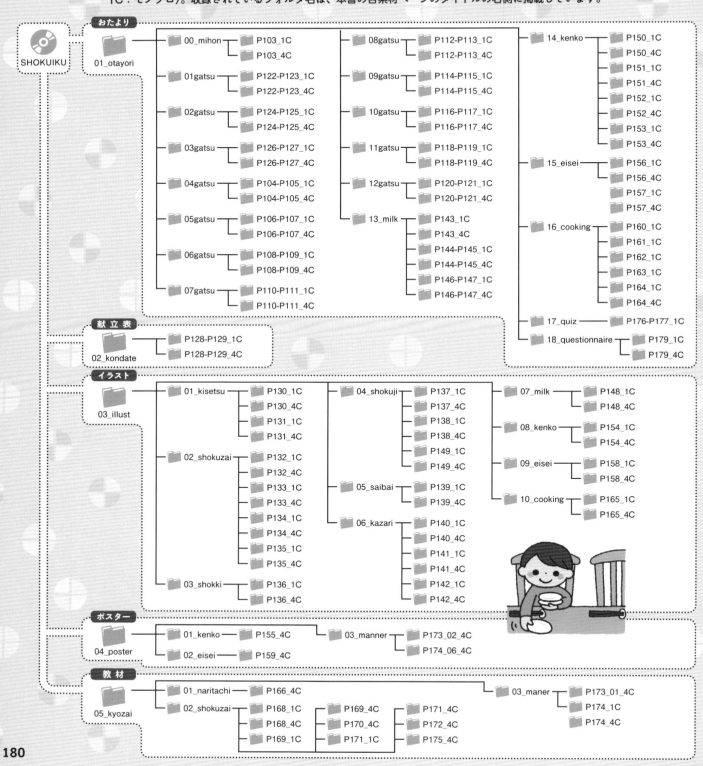

付属CD-ROMのご使用上の注意点
※本書をご使用の前に必ずお読みください。

動作環境
- 付属の CD-ROM は次のパソコンに対応しています。
  Windows 7、Windows 8.1、Windows 10
- 収録テンプレートは、次の形式で保存しています。
  〔おたより・文例〕…Windows 7 の Microsoft Office Word 2010 で作成し、Microsoft Office Word 97-2003 (.doc) で保存
  〔献立表〕…Windows 7 の Microsoft Office Excel 2010 で作成し、Microsoft Office Excel 97-2003 (.xls) で保存
  ※ご使用の OS やアプリケーション、環境によって、レイアウトが崩れる可能性があります。
- イラストは、200%以上に拡大すると粗くなることがあります。
- ご使用のプリンタやパソコンの設定などにより、イラストや文字が本書に掲載されている色調や書体と異なる場合があります。

取り扱い注意事項
- 付属 CD-ROM をご使用いただくには、パソコンに CD-ROM ドライブ、もしくは DVD-ROM ドライブが装備されている必要があります。
- 付属の CD-ROM はオーディオプレーヤーでは絶対に再生しないでください。
- CD-ROM の裏面に指紋や傷をつけると、データが読み取れなくなる場合があります。ご注意ください。
- 付属 CD-ROM に収録されているデータについてのサポートは行っておりません。
- 付属 CD-ROM に収録されているデータの使用上の注意は、P.192 をご覧ください。
  ※ Microsoft Windows、Microsoft Office は、米国マイクロソフト社の登録商標です。
  ※本書では、商標登録マークの表示を省略しています。

Wordで食育だよりを作ろう

※本文中の説明画面は「Windows 7」の「Microsoft Office Word 2010」のものです。
お使いのパソコンの動作環境によって、操作方法や画面表示は異なる場合があります。

Step 1 テンプレートを開く

ここでは「10月の食育だより」(P116_01_1C) のテンプレートを使って手順を説明します。

1 CD-ROMをパソコンに入れる

CD-ROM を、絵が描かれている盤面を上にして、パソコンの CD-ROM ドライブに入れます。
※ CD-ROM の挿入方法は、機種により異なります。説明書などをご参照ください。

2 CD-ROMを開く

パソコンの画面に「自動再生」リストが表示されます。リストから「フォルダを開いてファイルを表示」をクリックします。

※自動再生されない場合は、スタートボタン横のフォルダボタンをクリックして、CD-ROM ドライブを開きます。

クリック

クリック

3 テンプレートのあるフォルダを開く

フォルダをダブルクリックしながら順に開いていき、使用したい Word のテンプレートを出します。
ここでは、SHOKUIKU ⇒ 01_otayori ⇒ 10gatsu ⇒ P116-P117_1C ⇒ P116_01_1C の順に開きます。

4 テンプレートをデスクトップにコピーする

テンプレートファイル「P116_01_1C」をクリックしたまま、ウィンドウの外(デスクトップ上)に移動(ドラッグ)します。

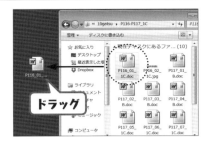
ドラッグ

5 テンプレートファイルを開く

デスクトップに移動したテンプレートファイルをダブルクリックして、ファイルを開きます。

Step 2 Word画面とおたよりのテンプレートの構成

CD-ROMに収録されているおたよりのテンプレートは、Wordデータで作成されています。
イラストやテキストボックスなどを組み合わせて作られていますので、自由に簡単に変更できます。

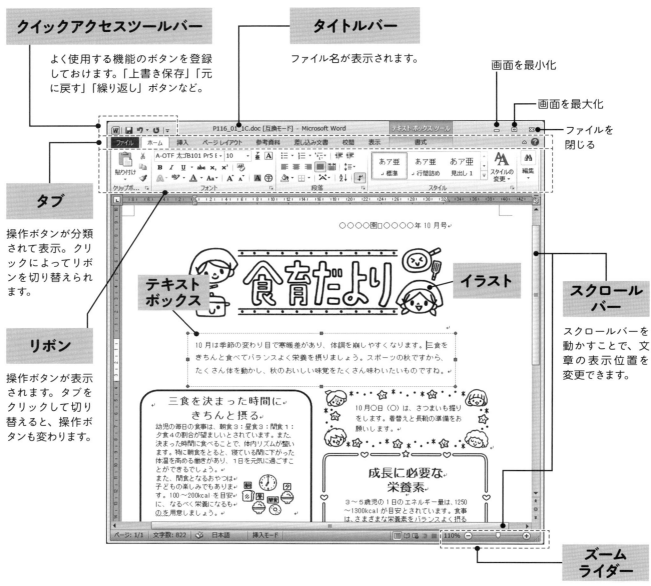

クイックアクセスツールバー
よく使用する機能のボタンを登録しておけます。「上書き保存」「元に戻す」「繰り返し」ボタンなど。

タイトルバー
ファイル名が表示されます。

画面を最小化

画面を最大化

ファイルを閉じる

タブ
操作ボタンが分類されて表示。クリックによってリボンを切り替えられます。

テキストボックス

イラスト

スクロールバー
スクロールバーを動かすことで、文章の表示位置を変更できます。

リボン
操作ボタンが表示されます。タブをクリックして切り替えると、操作ボタンも変わります。

ズームスライダー
編集画面の表示倍率を10%から500%までの間で調整ができます。「+」ボタンで拡大、「-」ボタンで縮小されます。

よく使うタブの主な内容
- ●ファイルタブ：ファイルの保存、印刷など
- ●ホームタブ：文字の書体、文字の大きさ、文字の色、文字の位置の変更など
- ●挿入タブ：表、図形の挿入、テキストボックスの作成など
- ●ページレイアウトタブ：ページの余白、用紙サイズ、段組みなど
- ●書式タブ：図形の色変更、文字列の折り返しなど

Step 3 文字の削除・変更

1 文字を削除する

削除したい文字をドラッグして選択し、「Delete」キーを押します。

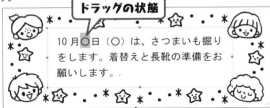

別の方法

削除したい文字の後にカーソルを置き、「Back Space」キーで文字を消します。

2 文字を変更する

① 変更したい文字がある部分をクリックして、テキストボックスの枠を表示させます。

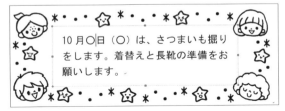

② 不要な文字を削除して新たな文字を入力します。

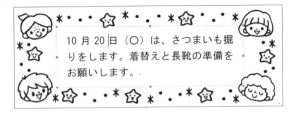

別の方法

① 変更したい文字の左側にカーソルを置き、クリックしたまま、右方向へマウスを動かしてドラッグすると選択範囲の背景に色がつきます。

② ①のまま文字を入力すると文字が置き換わります。

Step 4 文字の書体・大きさ・色・位置の変更

1 書体（フォント）を変更する

① 書体を変えたい文字をドラッグして選択します。

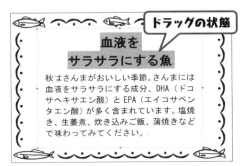

② 「ホーム」のタブをクリックします。

③ 「フォント」一覧の右にある「▼」をクリックして、フォントの一覧表を表示します。

④ 一覧表のフォント名にマウスのポインタを合わせると、①の選択範囲のフォントが変わります。

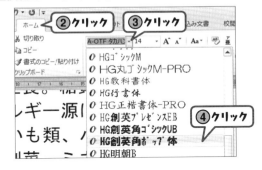

⑤ フォント名をクリックすれば書体が確定します。

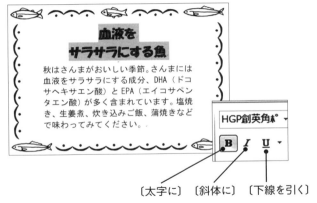

〔太字に〕〔斜体に〕〔下線を引く〕

Step4　文字の書体・大きさ・色・位置の変更

2　文字の大きさを変更

① 大きさを変更したい文字をドラッグして選択します。

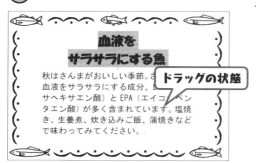

② 「ホーム」のタブをクリックします。

③ 文字の大きさ一覧表の右にある「▼」をクリックして、一覧表を表示します。

④ 一覧表の数字にマウスのポインタを合わせると、①の選択範囲の文字の大きさが変わります。

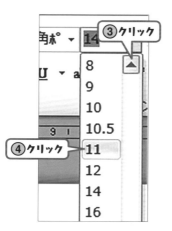

⑤ ④の数字をクリックすれば文字の大きさが確定します。

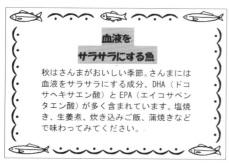

文字の大きさ一覧表にない大きさに変更したい場合

文字の大きさのボックス欄の数字を削除し、直接数字を入力します。「Enter」キーを押すと文字の大きさが変わります。

3　文字の色を変更

① 色を変更したい文字をドラッグして選択します。

② 「ホーム」のタブをクリックします。

③ 「フォントの色」の右にある「▼」をクリックして、色の一覧表を表示します。

④ 変更したい色をクリックすると、①の選択範囲の文字の色が変わります。

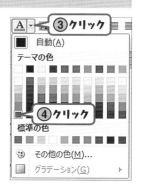

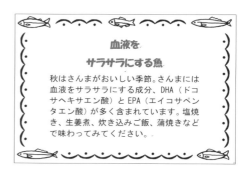

4　文字の位置を変更

① 左揃えにしたい文字列をドラッグして選択します。

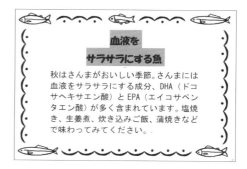

② 「ホーム」のタブをクリックします。

③ 「段落」の左揃えボタンをクリックします。

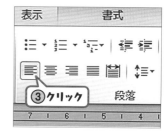

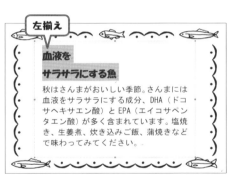

※中央揃えボタンは中央揃えに、右揃えボタンは右揃えになります。

※両端揃えボタンや均等割り付けボタンは、文字を均等に配置して、両端に揃えます。

6 行間を狭くする

① 行と行の間を狭くしたい行をドラッグして選択します。

② 「ホーム」のタブをクリックします。

③ 「段落」の「行と段落の間隔」ボタンの右にある「▼」をクリックして、行間の一覧表を表示します。

④ 「行間のオプション」をクリックすると、段落の設定画面が表示されます。

5 行間を広げる

① 行と行の間を広げたい行をドラッグして選択します。

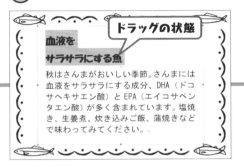

② 「ホーム」のタブをクリックします。

③ 「段落」の「行と段落の間隔」ボタンの右にある「▼」をクリックして、行間の一覧表を表示します。

④ 変更したい行間をクリックすると、①の選択範囲の行の間隔が変わります。

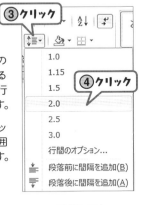

⑤ 「間隔」の項目の「行間」の欄を「固定値」に変更します。「間隔」の欄の数値を小さくすれば、行間が狭くなります。（大きくすれば行間が広くなります）

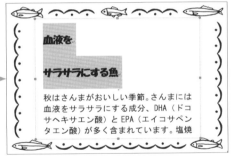

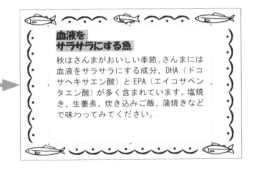

Step 5 テンプレートに囲みイラスト・文例を挿入する

① 編集中の Word 文書に CD-ROM に収録されている「囲みイラスト・文例」を挿入したい場所をクリックします。

② 編集中の Word 文書の画面の右上にある「最小化」ボタンをクリックします。

③ CD-ROM から囲みイラスト・文例のファイルを選択し、「開く」ボタンをクリックします。
（ここでは、CD-ROM ⇒ SHOKUIKU ⇒ 01_otayori ⇒ 10gatsu ⇒ P116-P117_1C ⇒ P117_06_1C を開く）

④ 「囲みイラスト・文例」が開いたら、テキストボックスの内部をクリックします。

⑤ 「Shift」キーを押しながらイラストをクリックします（テキストボックスとイラストの両方を選択）。

⑥ 「ホーム」タブの「コピー」ボタンをクリックします。

⑦ 先に開いていた Word 文書に切り替えます。

⑧ 「ホーム」タブの「貼り付け」ボタンをクリックします。
※囲みイラストを移動したり、サイズを適宜変えて編集します。

Step 6 テキストボックスを調整する

1 テキストボックスを前面に出す

① うしろに隠れてしまったテキストボックスは、クリックして選択状態にします。

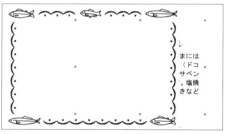

② 「書式」タブの「前面へ移動」の「▼」をクリックし、「テキストの前面へ移動」をクリックします。

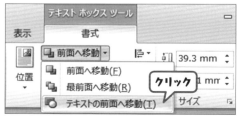

③ テキストボックスが前面に表示されます。

2 テキストボックスの移動

テキストボックスの移動は、テキストボックスの枠線をクリックし、そのままドラッグし、移動させたい場所に来たら、マウスから指を離します。

3 テキストボックスのサイズ変更

① マウスポインタをテキストボックスの枠に合わせてクリックすると、□や○が表示されます。

② そのまま□や○をクリックしてドラッグすると、テキストボックスの大きさを変更できます。

Step 7 吹き出しを新しく作成する

① 「挿入」タブの「図形」ボタンのリストから「吹き出し」の図をクリックします。

② マウスポインタが「＋」に変わるので、吹き出しを入れたい場所でクリックしたまま、マウスを右下方向にドラッグし、適当な大きさになったらマウスから指を離します。

③ 文字を入力します。

④ 吹き出しの枠線の上で右クリックして、「図形の書式設定」をクリックします。

※「Word 97-2003 形式」（拡張子 .doc）の場合、「オートシェイプの書式設定」をクリックします。

⑤ 塗りつぶしや枠線の色などの書式を変更します。（文字の色や書体、大きさも変更します）

⑥ 吹き出し口の黄色い◇をクリックし、動かしたい場所にドラッグし、マウスから指を離します。

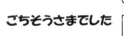

Step 8 図形に文字を入力できる状態にする

Word の「挿入」タブの「図形」ボタンのリストにある図形には文字を入れることができます。

① 図形の上で右クリックします。

② メニューから「テキストの追加」をクリックします。

③ 図形内にカーソルが点滅し、文字を入力できます。

Step 9 テンプレートの文章をほかの文章に差し替える

1 ファイルを開き、文章をコピーする

① CD-ROMから差し替えたい文章のファイルを選び、ダブルクリックすると、文章が表示されます。（ここでは、「P117_04_B」のファイルを開きます）

② 差し替えたい文章の最初の文字の左端にカーソルを合わせて、ドラッグして範囲を選択します。

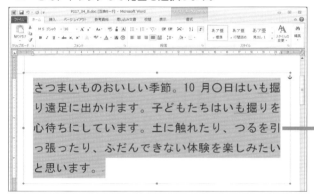

③ 右クリックし、「コピー」を選択し、クリックします。

※文章を全部選択するには、「ホーム」タブの「編集」の「選択」をクリックして、「すべて選択」をクリックします。

2 コピーした文章に差し替える

① テンプレートの画面を開き、差し替えたい文章をドラッグして選択します。

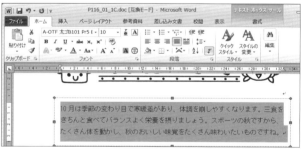

② 「ホーム」タブの「貼り付け」ボタンをクリックします。1 - ③でコピーした文章に替わります。

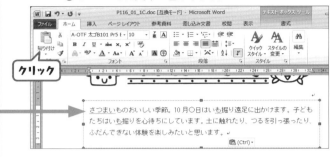

Step 10 新しい文章を追加する

ここでは、おたよりテンプレート内にある囲みイラストの中にテキストボックスを作って、別の文章を入れる方法を説明します。

1 テキストボックスを作成する

※囲みイラスト内の不要なテキストは削除しておきます。

① 「挿入」タブの「テキストボックス」をクリックします。

② 「横書きテキストボックスの描画」をクリックします。

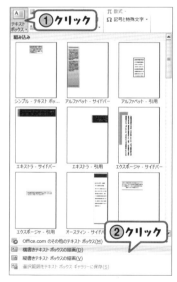

③ テキストボックスを挿入したい囲みイラストの中の左上のところにマウスポインタ「+」を合わせて、クリックし、そのまま右下へドラッグします。

※テキストボックスのサイズ変更は、P.187を参照。

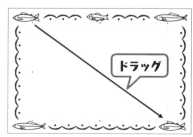

2 テキストを作成する

テキストボックス内に新しい文章を入力します。

3 テキストボックスのケイを削除する

テキストボックスのケイを消したいときは、テキストボックスのケイを右クリックし、「テキストボックスの書式設定」※をクリック⇒「色と線」⇒「色なし」を選択し、「OK」をクリックします。

※「Word 文書」（拡張子 .docx）の場合、「図形の書式設定」。

Step 11 イラストの大きさ変更・移動

1 イラストの大きさを変更する

① イラストをクリックして選択します。

② 枠と枠の周辺に○や□が表示されます。

③ ○にマウスポインタを合わせてクリックし、ドラッグしてサイズを変更します。

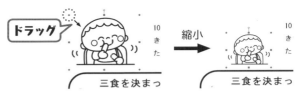

※イラストの場合は、角の○を斜め方向にドラッグすると、縦と横の比を変えずに拡大や縮小できます。

2 イラストを移動する

① 移動したいイラストの上にマウスポインタを合わせると、マウスポインタが十字の形に変化します。

② クリックして、移動したいところにそのままドラッグすると、イラストが移動します。

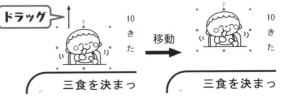

※テキストボックスの中にイラストがある場合は、テキストボックスの枠をクリックして、そのままドラッグします。

3 イラストを回転する

① イラストにマウスポインタを合わせると、上に回転ハンドルが表示されます。

② 回転ハンドルをクリックしたまま左右に動かすとイラストが回転します。

Step 12 イラストを削除・追加する

1 イラストを削除する

① 削除したいイラストをクリックして選択します。

② 「Delete」キーを押して削除します。

※イラストを選択すると、リボンに「図ツール」の「書式」タブが表示されます。

2 テキストボックスにイラストを挿入する

① テキストボックスの中のカーソルにマウスポインタを合わせます。

② 「挿入」タブの「図」をクリックします。

③ 「図の挿入」画面から入れたいイラストを選んで、「挿入」をクリックします。
（ここでは、CD-ROM の 03_illust ⇒ 04_shokuji ⇒ P149_1C ⇒ P149_10_1C のイラストを選択）

※図の囲みケイを消したいときは、囲みケイを右クリックし、「テキストボックスの書式設定」（または「図形の書式設定」）⇒「色と線」⇒「色なし」を選択し、「OK」をクリックします。

3 テンプレートにイラストを挿入する

① イラストを挿入したい場所の近くをクリックします。ただし、テキストボックスは選択しないようにします。

② 「挿入」タブの「図」をクリックします。

③ 「図の挿入」画面から入れたいイラストを選んで、クリックします。

④ イラスト挿入後は、テンプレートのレイアウトが崩れることがありますので、イラストの設定を変更します。

⑤ イラストをクリックして、「図ツール」の「書式」タブの「配置」にある「文字列の折り返し」をクリックして「前面」を選択し、イラストの位置を調整します。

※または、イラストを右クリック⇒「図の書式設定」をクリック⇒「レイアウト」タブをクリック⇒「前面」を選択⇒「OK」をクリックします。

※「前面」は、テキストボックスやほかのイラストに関係なく、自由に図を移動できるものです。

Step 13 おたよりを保存する

1 名前を付けて保存する

① 「ファイル」タブをクリックます。

② 「名前を付けて保存」をクリックします。

③ 「ファイル名」を入力し、「ファイルの種類」を選択、「保存」をクリックします。

【最初に Word の形式に合わせて保存】

CD-ROM にあるテンプレートは、旧バージョンの Word でも使えるように、「Word 97-2003 形式」（拡張子 .doc）で作成されています。
Word 2010 や Word 2007 などで開くと、機能が制限されたり、レイアウトが崩れることがありますので、使用開始時にご使用の Word のバージョンで保存しておきましょう。Word2007 以降は、「Word 文書」（拡張子 .docx）を選択します。

※同じ Word ファイルをバージョンが違う Word で使用する可能性があるときは、「Word 97-2003 形式」（拡張子 .doc）のまま編集を行います。

2 上書き保存する

パソコンは、突然動かなくなる恐れがありますので、随時「上書き保存」をしておきましょう。
画面の左上にある「クイックアクセスツールバー」の「上書き保存」をクリックするか、「ファイル」タブをクリックし、「上書き保存」をクリックして、保存します。

Step 14 おたよりを印刷する

1 印刷の前に印刷イメージを確認する

おたよりのテンプレートを印刷する前に、「印刷プレビュー」で印刷イメージを確認します。

① 「ファイル」タブをクリックします。

② 「印刷」をクリックします。

③ 印刷イメージが表示されます。

2 印刷する

① 「ファイル」タブをクリックします。

② 「印刷」をクリックします。

③ 「プリンターのプロパティ」をクリックします。

④ 「プリンターのプロパティ」の設定画面で、用紙のサイズ、カラーなどを設定し、「OK」をクリックします。

⑤ 「部数」などを設定したら、「印刷」ボタンをクリックします。

付録　CD-ROMの使い方

●監修

太田百合子（おおたゆりこ）Yuriko Ota
東洋大学、東京家政学院大学などで非常勤講師を務める。管理栄養士。
「こどもの城」小児保健クリニックを経て、現在は大学の非常勤講師のほか、指導者や保護者向け講習会講師、NHK子育て番組出演や育児雑誌などの監修を務める。主な役職は、日本小児保健協会栄養委員会、東京都小児保健協会理事、日本食育学会代議員など。

岡本依子（おかもとよりこ）Yoriko Okamoto
立正大学社会福祉学部子ども教育福祉学科准教授。
東京都立大学大学院人文科学研究科修了。博士（心理学）。大学助手、短大教員を経て現職。専門は発達心理学で、子どもや家族、保育者の発達という観点から保育者養成に取り組んでいる。主な著書に『妊娠期から乳幼児期における親への移行』（新曜社）、『エピソードで学ぶ乳幼児の発達心理学』（新曜社）など。

●画像提供
四国大学附属認定こども園　徳島県教育委員会　むくどり保育園

●資料提供
勝浦美和（四国大学短期大学部）

STAFF
●イラスト
アトリエ・ハンナ　いわにしまゆみ　くるみれな　たかしまよーこ　つかさみほ　ほりいえみ　rikko　わたなべふみ　＜50音順＞
●デザイン・DTP
SPAIS（山口真里　宇江喜桜　小早谷幸　熊谷昭典）　田中恵美
●執筆協力
石森康子　小熊悦子　岸本祐子
●校正協力
株式会社みね工房
●編集
株式会社童夢

0-5歳児 食育まるわかりサポート＆素材データブック

2017年5月9日　第1刷発行
2023年1月31日　第8刷発行

監　修　太田百合子　岡本依子
発行人　土屋　徹
編集人　志村俊幸
編集長　小中知美
発行所　株式会社Gakken
　　　　〒141-8416　東京都品川区西五反田2-11-8
印刷所　大日本印刷株式会社

●この本に関する各種お問い合わせ先
本の内容については、下記サイトのお問い合わせフォームよりお願いします。
https://www.corp-gakken.co.jp/contact/
【書店購入の場合】
在庫については　Tel 03-6431-1250（販売部）
不良品（落丁、乱丁）については　Tel 0570-000577
学研業務センター　〒354-0045　埼玉県入間郡三芳町上富279-1
【代理店購入の場合】
在庫、不良品（落丁、乱丁）については　Tel 03-6431-1165（事業部直通）
上記以外のお問い合わせは　Tel 0570-056-710（学研グループ総合案内）

© Yuriko Ota/ Yoriko Okamoto /Gakken plus 2017 Printed in Japan
本書の無断転載、複製、複写（コピー）、翻訳を禁じます。
本書を代行業者等の第三者に依頼してスキャンやデジタル化することは、たとえ個人や家庭内の利用であっても、著作権法上、認められておりません。

学研グループの書籍・雑誌についての新刊情報・詳細情報は、下記をご覧ください。
学研出版サイト　　https://hon.gakken.jp/

【CD-ROMご使用上の注意】
■使用の許諾と禁止事項
・本CD-ROMに収録されている、イラスト・データは、ご購入された法人または個人がその私的範囲内で営利目的以外にお使いいただけます。
・募集広告など、商用目的に使用することはできません。
・ホームページなどのすべてのウェブサイトに使用することはできません。
・印刷所などに発注して作る、大量部数の印刷物の素材に使用することはできません。
・本CD-ROMのイラスト・データを複製し、転載貸与、販売、賃貸、頒布することを禁止します。
■著作権
・弊社は、本CD-ROMに収録されている、イラスト・データのすべての著作権を管理しています。
■免責
・弊社は、本製品を使用したことによって発生した直接的、間接的または波及効果によるいかなる損害に対して、いっさいの責任を負わないものとします。

【館外貸出不可】
※本書に付属のCD-ROMは、図書館およびそれに準ずる施設において、館外へ貸し出すことはできません。